rowohlts monographien
begründet von Kurt Kusenberg
herausgegeben
von Wolfgang Müller und Uwe Neumann

# Maxim Gorki

mit Selbstzeugnissen
und Bilddokumenten
dargestellt von
Nina Gourfinkel

Rowohlt

Aus dem Französischen übertragen von Rolf-Dietrich Keil
Den dokumentarischen und bibliographischen Anhang bearbeitete Petra Seidel
Herausgeber: Kurt Kusenberg
Umschlagentwurf: Werner Rebhuhn
Vorderseite: Maxim Gorki. Fotografie
(Historia-Photo, Hamburg)
Rückseite: «Die Mutter» in sechs verschiedenen Ausgaben
(Archiv Éditions du Seuil, Paris)

Veröffentlicht im Rowohlt Taschenbuch Verlag GmbH,
Hamburg, Juni 1958
Copyright © 1958 by Éditions du Seuil, Paris
Alle Rechte an dieser Ausgabe vorbehalten
Satz Times (Lasercomp 3000), LibroSatz, Kriftel
Druck und Bindung Clausen & Bosse, Leck
Printed in Germany
ISBN 3 499 50009 4

5. Auflage. 40.–41. Tausend September 1999

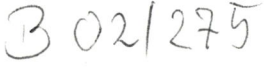

# Inhalt

# Gorkis Leben und Wirken

## Ein neuer Typ des Helden in der Literatur

Gorki heißt der Bittere. Durch die Annahme dieses Pseudonyms hat Alexéi Maxímowitsch Peschków das Schlüsselwort gegeben für die Gestalten, die er in die russische Literatur einführte. Zweifellos wurde die Wahl seines Schriftstellernamens durch jenes Epitheton angeregt, das im Russischen fast immer als Ergänzung des Wortes Schicksal auftaucht: «das bittere Schicksal». Ebendies war das Schicksal der neuen Helden, die er in die Literatur einführte.

Gorki trat im letzten Jahrzehnt des 19. Jahrhunderts auf den Plan, in einer Epoche, wo gleichzeitig die sozialen und die literarischen Normen zu zerbrechen beginnen. Obwohl seine ersten Schriften in beiden Bereichen nichts als oberflächliche Neuerungen bringen, ist doch die Sucht nach Neuem damals so groß, daß es ihnen binnen kurzem gelingt, die Aufmerksamkeit der russischen und bald auch der internationalen Öffentlichkeit auf sich zu lenken.

Um die Jahrhundertwende ist die russische Literatur festgefahren im Epigonentum eines Realismus, den Tolstói, Dostojéwski, Turgénjew und Gontscharów zur höchsten Vollendung gebracht hatten. Aber ihre zeitlich doch noch so nahen Werke befriedigen den Leser nicht mehr. Ihre Welt, die des versinkenden Adels, ist überlebt. Ihre Probleme bewegen niemanden mehr. Das Publikum ist ganz auf die Zukunft ausgerichtet, und zwar auf eine revolutionäre Zukunft. Wenn Dostojéwski weiterhin das Denken prägt, so deshalb, weil er allgemeinste Werte bringt. Aber dieser Mann, den seine Sympathien für die Revolution ins Zuchthaus gebracht hatten, war als loyaler Untertan in monarchistischer und orthodox-religiöser Subordination von dort zurückgekehrt, und sein Roman «Die Dämonen» war eine bissige Karikatur der Revolutionäre.

*Maxim Gorki, 1910*

Die volksnahen Tendenzen verpflichteten Schriftsteller zweiten Ranges: Korolénko, Weressájew, Gleb Uspénski, Pomjalówski, Grigoówitsch, die sich von einer Masse minderer Naturalisten deutlicher abheben, haben das Grau des Alltäglichen zum Thema. Endlos wiederholen sie die Motive vom Leiden des Volkes, von seiner Bedrückung, von seiner Resignation – und mehr noch als alle anderen tut dies Tschéchow, der wahrhaft große Schriftsteller jener Zeit. Er wagt nicht einmal mehr zu hoffen: Sein Werk ist die Tragödie des sozialen, aber auch des literarischen Verzichtes. Er, der Letzte aus dem großen Geschlecht der Realisten, ist es, der gerade durch das Überspitzte seiner Akribie, seiner Feinheit und der Simplizität des Details «den Realismus tötet», wie Gorki gesagt hat.

Sicherlich gibt es einige Ansätze symbolistischer Erneuerung, aber man betrachtet sie als «dekadente» ausländische Importware und verweist sie zurück auf die Verskunst. Dort rächen sie sich allerdings zu Beginn unseres Jahrhunderts in großartiger Weise mit dem Auftreten von Alexándr Blok, ohne jedoch über beschränkte Kreise hinauszugelangen. In den weitesten Schichten der Öffentlichkeit ist die realistische Tradition zu tief verwurzelt, zu innig verbunden mit dem sozialistischen Ideal des zu Ende gehenden Jahrhunderts, als daß man Lyrik, die «reine Kunst», ernst nehmen könnte. Auch in der Verskunst bleiben die wenigen feinsinnigen Dichter verkannt; statt dessen hebt man die «Bürger-Dichter» und ihr Thema, den *dolor civicus,* auf den Schild. Paradoxerweise wird Nekrássow, der Schöpfer bis dahin unbekannter Rhythmen und dichterischer Bilder, in denen sich Folklore und Feuilleton vermengen, nur seiner «Ideen» wegen geschätzt, und man «verzeiht» ihm seine «altersschwache Form».

Und in dieses bürgerlich-demokratische Grau von Überdruß und Langeweile platzen die ersten Erzählungen Gorkis hinein: lebendig, mit kräftigen Farben, mit einer vollsaftigen Sprache, mit ungewöhnlichen Helden. «Das ist ja Romantik!» ruft bekümmert Korolénko aus, Gorkis erster «Lehrmeister» im literarischen Handwerk. «Das ist ja Romantik, und die Romantik ist schon lange tot. Ich glaube, Sie borgen sich da einen Weg, der nicht der Ihre ist. Sie sind Realist, Realist und nicht Romantiker!»

Es ist tatsächlich Romantik, und sogar – unter bunt zusammengewürfeltem Flittergold – eine ziemlich banale Romantik. Melchior de Vogüé, neben André Gide noch heute derjenige französische Kritiker, der am weitesten in die Geheimnisse der russischen Literatur eingedrungen ist, hat das bereits 1901 gesagt. Zu einem Zeitpunkt, da der Erfolg Gorkis ein Welterfolg geworden war, hat Vogüé erkannt, daß seine Erzählungen «nach dem üblichen romantischen Muster» gemacht waren, und wenn er auch ihre soziale Tragweite nicht zu erkennen vermochte, so gebührt ihm doch das Verdienst, die Frage gestellt

*Wolgaschlepper. Zeichnung von Répin*

zu haben: «Ist sie vielleicht schwanger mit literarischen und sozialen Konsequenzen, diese Romantik in Lumpen, die wieder umkehrt, um Manfred und Rolla in ihrer Kaschemme, wo sie liegengeblieben waren, zu suchen; ihnen zu gefallen und sie zu glorifizieren?»

Auch Tolstói reagierte genauso: Er bemerkte in seinem Tagebuch, daß bei Gorki «alles eingebildet und künstlich ist, große Gefühle, heroisch und unecht, aber ein außergewöhnliches Talent». Tschéchow brachte dasselbe Gefühl zum Ausdruck, als er über Gorkis Werke sagte: «Das ist nicht geschrieben, das ist gemacht.» Ebenso Korolénko, der Gorkis in allen Stücken erfundene «volksnahe Romantik» als «gehirnlich» verurteilte. Daß Gorki die nationale realistische Strömung verlassen hatte, trug ihm die Verdammung dieser Schriftsteller ein. «Man könnte meinen, Sie seien kein Russe, Ihre Gedanken sind nicht russisch», sagt Tolstói zu ihm, als sie sich zum erstenmal begegneten.

Gorki sah die Welt mit neuen Augen an. Hervorgegangen nicht aus der Intelligenzija, nicht einmal aus dem mehr oder weniger wohlhabenden Bürgertum, sondern, wie einer seiner Helden, *«aus den Hinterhöfen des Lebens»,* aus einer brutalen und analphabetischen Umgebung, trug er einen Wissensdurst, eine Verehrung der Kultur in sich, die all denen, für die Wissen und Kultur von Kindheit an ein gewöhnliches Schicksal bedeutete, unbekannt war. Für den Jungen, den Enkel eines Wolgaschleppers, der sich mit der Kraft seiner Fäuste zum geistigen Leben emporkämpfte, hatten die Worte: Schönheit, Ideal, Freude, Licht einen vitalen Schwung. Er kam kämpfend zum Schreiben, beseelt von einem Sehnen, das den Schriftstellern seiner Zeit fremd geblieben war.

In seinem Essay *Der Leser* (1898) zeichnet Gorki ein Bild dieses Geisteszustandes, kritisiert die zeitgenössische Literatur und fordert das Publikum auf, ihm auf den neuen, farbenfrohen Wegen zu folgen: *«Immer das Alltägliche, das Alltägliche!»* ruft er aus. *«Menschen, Gedanken, Ereignisse, alles alltäglich! . . . Aber wo gibt es einen Anruf des schöpferischen Lebens, wo wird Mut gelehrt, wo sind die starken Worte, die der Seele Flügel verleihen?»* Und indem er sich an seine Leser wendet, wie er sie sich wünscht: *«Mir scheint, daß wir von neuem dürsten nach schönen Denkbildern, nach Träumen vom Außerordentlichen!»*

Gorki sucht seine ersten Helden (*Makár Tschúdra* 1892; *Die alte Isergil* 1893, *Malwá* 1897) unter den nomadisierenden Zigeunern der Schwarzmeersteppen, unter Fischern oder illegal lebenden, vagabundierenden Bauern. Stolz, leidenschaftlich, am äußersten Rande einer Gesellschaft lebend, die sie verachten, kommen sie vom Byronismus her auf dem Umweg über die frühen Gedichte Púschkins. Die Freunde des jungen Gorki haben erzählt, daß er dicke Hefte mit Gedichten vollschrieb und Byron kultisch verehrte. Aber diese Gestalten sind nicht nur im Sinne Byrons aufgefaßt: durch ihren Stolz, ihren Freiheitsdurst, ihre Aufschwünge von Heroismus und Verwegenheit hindurch glaubt man, das Bild eines neuen Menschen wahrnehmen zu können. Dieser Eindruck festigt sich, sobald der Schriftsteller sich anschickt, den gleichen Menschentyp nicht mehr vor dem Hintergrund der Steppe oder des Meeres zu schildern, sondern als Einwohner feuchter Kellergewölbe, als Einwohner von Vorstädten, Häfen und Nachtasylen: Menschen ohne Bindungen, aber auch ohne Fesseln, Vagabunden, «bossjakí».

Die wörtliche Übersetzung von «bossják» ist «Barfüßiger», aber dieses Wort hat im Russischen den emotionalen Anklang von «armer Schlucker», im Deutschen aber mit dem Zusatz des alle Konvention Verachtenden, Selbstbewußten, wie «clochard» im Französischen. Nach Gorki *«ist der bossják ein Intelligenzler unter den Halbmenschen oder Halbtieren, den Nackten, den Bösewichtern, den Ausgehungerten und vom Geschick Verworfenen, die die schmutzstarrenden Wohnhöhlen der Städte bevölkern . . . eine Spielart von Menschen, die Aufmerksamkeit verdienen, die, weit entfernt davon, dumm zu sein, bestimmte Hoffnungen nähren, und die man als eine Klasse betrachten muß».*

Die ersten «bossjakí» erscheinen bei Gorki im *Tschelkásch* und *Die beiden Bossjaki* (1895). Gorki hat ihre Vorbilder im Hafen von Odessa und unter den Schmugglern entdeckt. Heftig, verwegen, bereit, das, was er eben erst vor der Nase des Zöllners gestohlen hat, zu verschenken, so wird Tschelkásch gezeichnet und einem schlappen, stumpfsin-

*In Kasánj, 1887*

nigen, in seiner beschränkten Habgier befangenen Bauern gegenübergestellt. Aus Verachtung überläßt ihm Tschelkásch seine Beute.

Da ist wieder das Neue: Gorki wagt es, sich vom Mushík abzuwenden, vom heiligen Mushík, vom guten Mushík, dem patentierten Märtyrer und Götzen der demokratischen Literatur; er zieht ihm einen *outlaw* vor, einen Banditen, der aber voller Leben ist und die Freiheit zu lieben versteht.

Dann dringt Gorki immer tiefer in die Stadt ein, in die vergrämte und unheilschwangere Existenz ihrer Parias (*Das Ehepaar Orlów; Konowálow,* 1897), aber der neue Typ seiner Helden bewahrt ihn vor dem traditionellen Realismus. Heruntergekommene Söhne aus guter Familie, die das Geld verachten, Bauern, die die Verbindung zur Erde verloren, in der Fabrik aber noch nicht Wurzel gefaßt haben, verkommene Studenten: diese Menschen sind dauernd in Bewegung und schaffen eine labile Welt, einen Zustand der permanenten Auflehnung. Sie wissen, gegen was sie sich auflehnen, aber sie wissen noch nicht, in wessen Namen. Sie finden ihren Platz in der Gesellschaft nicht. Ihr Aufruhr war in der russischen Literatur seit jeher bekannt, aber diesmal schwingt in dem Aufruhr ein neuer Ton mit.

Die beiden «bossjakí» (aus der gleichnamigen Erzählung), die der Erzähler in der Steppe getroffen hat, hatten nichts Eiligeres zu tun, als sich mit ihm bei einer Flasche Wodka zusammenzusetzen und ein Gespräch über ihre Seele zu beginnen. Und seine unbefriedigte Seele wiederum ist es, die Páwel Goremýka (Goremýka = der mit dem bitteren Schicksal, in der gleichnamigen Erzählung), ein Findelkind, das sich schwer durchzuschlagen hat, dazu treibt, seine idealen Vorstellungen und Sehnsüchte in eine Prostituierte zu transponieren. Als er die Diskrepanz zwischen seinem Traum und der Wirklichkeit entdeckt, bringt er die Frau um und beweint sie dann. Die menschliche Gerechtigkeit schickt ihn ins Zuchthaus.

Konowálow (in der gleichnamigen Erzählung, 1897), ein Bäcker, der hin und wieder Anfälle von Trunksucht bekommt, ist die beste Figur in dieser Galerie. Dieser struppige Mann mit den Kinderaugen sagt: *«Ich habe keinen inneren Weg, mir fehlt da irgendwas . . . ich suche danach, es quält mich, aber ich weiß nicht, was es ist . . . Wir sind besondere Menschen, es gibt viele von unserer Sorte . . . wir passen in keine Ordnung . . .»* Seine wahrhaft soziale Natur enthüllt sich, als dieser Analphabet Geschmack an Büchern findet, die er sich vom Erzähler laut vorlesen läßt, und ihm die Hälfte seines Lohnes gibt, um sie zu kaufen. Die Geschichte des berühmten Kosakenrebellen aus dem 17. Jahrhundert, Sténka Rásin, dessen volkstümliche Revolte die Revolution vorbildet, versetzt Konowálow in höchste Erregung: *«Es schien, als ob irgendwelche, in drei Jahrhunderten nie abgerissene, nie erkaltete Blutsbande diesen bossják mit Sténka Rásin verbänden und als ob der bossják mit der ganzen Kraft seines lebendigen, starken Körpers, mit der ganzen Leidenschaft seiner Seele, die sich nach dem ‹gewissen Punkt› verzehrte, den Schmerz und den Zorn des vor dreihundert Jahren eingefangenen freien Falken fühle.»*

Der bewußte Aufruhr – das ist das *«Etwas», «der gewisse Punkt»*, der Konowálow fehlt. Er gelangt nicht dazu, seinen Verführer, den Alkohol, den Sumpf, in dem er steckt, zu überwinden. Aber er hat den Ausweg flüchtig gesehen. Er hat ihn so gut gesehen, daß er sich eines Tages aus Haß über seine Schwäche im Gefängnis aufhängt, wo man ihn dann am Abzugsrohr des Ofens auffindet.

Vor Gorki hatte schon sein älterer Zeitgenosse Tschéchow den positiven sozialen Sinn des Phänomens «bossják» geahnt. Seine Landstreicher (*Die Träume,* 1888; *Die Steppe,* 1888; *Die Diebe,* 1890), Mérik, der Pferdedieb, Dýmow, der von den Weiten Sibiriens träumt, sind ebenfalls Protestierende. In einem Briefe hat Tschéchow über seine Personen geschrieben: «Nicht für das Sektierertum, nicht für das Vagabundenleben, nicht für die Seßhaftigkeit, sondern ganz einfach für die Revolution hat die Natur derartige Wesen geschaffen wie den Radaubruder Dýmow . . . Nur wird es in Rußland nie eine Revolution geben, und Dýmow wird schließlich im Alkohol versinken oder ins Zuchthaus kommen. Er ist ein überflüssiger Mensch.»

Hier liegt der abgrundtiefe Unterschied zwischen den beiden Schriftstellern. Gorki nämlich glaubt an die Revolution. Seine Landstreicher und Radaubrüder sind keine «überflüssigen Menschen» im Sinne der klassischen russischen Definition dieses literarischen Typs (líschnij tschelowék), sie sind vielmehr Verkünder der Zukunft, genau wie sein *Sturmvogel.* Tschéchow aber glaubt nicht an die Revolution, weil er meint, man könne sie nur von den Intelligenzlern erwarten; er selbst aber hat die Intelligenzler, die die Mehrzahl seiner Helden ausmachen, als Menschen gezeichnet, die ohne Kraft und Hoffnung vor dem Leben kapitulieren. Gorki dagegen erwartet die Revolution vom Volk: Darin liegt seine Stärke.

Das war der neue Sinn, den er der affekt- und sentimentgeladenen Gestalt des bossják einflößte. Die zaristische Zensur hat das begriffen: sie fand die Novelle *Konowálow* «sehr tendenziös und schädlich», «provokatorisch» und «an vielen Stellen von sozialistischer Tendenz». Das Heft der Zeitschrift, in dem sie erschienen war, wurde beschlagnahmt.

Das soziale Pathos des Gorkischen Helden wurde aufs beste von der Sprache des Schriftstellers unterstützt. Sein Stil, der an sich konventionell und überreich an Gemeinplätzen war, wo er ein gewisses literarisches Niveau zu erreichen suchte, erlangte einen Reichtum, eine Unmittelbarkeit, eine überraschende Kraft der Suggestion, sobald er seine Personen aus dem Volke sprechen ließ. Die russischen Autoren des 19. Jahrhunderts hatten oft dem mushík das Wort erteilt, aber als sich die Stimme des gorkischen mushík oder bossják erhob, erschienen alle diese Versuche, auch die von Tolstói, blaß und saftlos. Gorki war das Volk selbst. Geboren im Herzen Rußlands, mit allen Handwerken aus eigener Erfahrung vertraut, kannte er auch alle volkstümlichen und mundartlichen Ausdrücke, jeden Jargon, bis zu jener Mischsprache der städtischen Unterwelt, die mit verballhornten «gelehrten» Wörtern durchsetzt war, mit überraschenden, unerwarteten Endungen und der malerischen Fülle unwahrscheinlicher Kombinationen. Die Kenntnis der Möglichkeiten der Volkssprache ist bei Gorki praktisch unbegrenzt: Es gibt dort Sprichwörter, Sentenzen, Bonmots, Kalauer, Reimsprüche, Alliterationen, in denen sich die russische Volksweisheit so gern gefällt; das Vokabular ist geschmeidig und knapp, übersprudelnd von ständigen Neubildungen. Diese linguistische Zugabe (die Gorki später mißbrauchte) erhöhte die Originalität seiner Werke. In Verbindung mit seiner heißblütigen Romantik, mit seinem Typ des vorrevolutionären Helden war dies eine attraktive Neuigkeit.

Indessen wurde, wie gesagt, die farbenreiche Sprache stumpf und glanzlos, sobald Gorkis Personen das Wort dem Autor überlassen. Das, was die Engländer so treffend *polite literature* nennen, bleibt für ihn eine angelernte, nicht unmittelbare Sprachform. Er hat seine literarische Lehre in einer schlechten Schule durchlaufen, bei Schauerromanen, vor allem bei minderwertigen Unterhaltungsromanen, die fast die einzige Lektüre seiner Jugend ausmachten, so daß ihm nach diesen großsprecherischen Wortkaskaden ein Xavier de Montépin, wie er sagt, wortkarg und nüchtern vorkam. Tschéchow hat ihn immer wieder gewarnt vor überschwenglichen Lyrismen, vor Anhäufungen von Adjektiven und ungerechtfertigten großen Worten. Gorki hat sich nie von abgenutzten Klischees, verbrauchten Vergleichen und einer zweifelhaften Syntax freimachen können. Wo er als Journalist auftritt, wird seine Kraft leicht brutal; als Romancier fällt er, sobald er aufhört, ganz einfach zu sein, sobald er «schreiben» will, ins Banale. Zu allem Überfluß wiederholt er sich ständig. Sogar in dem, was er am meisten liebt: den Naturbeschreibungen, den unendlichen Weiten der Wolgalandschaft, den Wäldern und Steppen, ist er nicht immer glücklich. Man braucht seine Landschaftsbilder nur mit denen Turgénjews zu vergleichen, um zu sehen, wie sehr es ihnen an Nuancen mangelt; ein Tschéchow, wortkarg bis zum Geiz, kann uns besser die unerwarteten Perspektiven der Worte und Dinge vermitteln, und das ist ja gerade die Domäne der Dichtung. Die Dichtung aber ist in den Werken Gorkis der wundeste Punkt. Mit größter Begeisterung macht er Verse – und macht sie sehr schlecht. Um sie «unterzubringen», schiebt er oftmals seinen Personen die Vaterschaft zu. Dabei ist es aber paradoxerweise gerade die schlechte Poesie, der der junge Schriftsteller einen guten Teil seines außerordentlichen Erfolges verdankt. Im großen russischen Publikum, das eine besondere Vorliebe für schlechte Verse hegte, wenn sie nur einen ideologischen «Inhalt» hatten, fanden seine Gedichte in Prosa einen ungeheuren Widerhall. *Die Legende vom brennenden Herzen, Die Erzählung vom Falken und von der Schlange* (später *Das Lied des Falken*) und vor allem *Der Sturmvogel* wurden aufgenommen als Aufrufe zur Revolution. Der berühmte Refrain *«Dem Wahnsinn der Tapfren ein Lied wir singen!»* wurde zum echten Feldgeschrei der Revolution.

«Es ist zweifelhaft», sagte ein alter Bolschewist über den *Sturmvogel,* «ob man in unserer Literatur ein anderes Werk finden kann, das so viele Editionen erlebt hat. Es wurde in jeder Stadt gedruckt, es wurde in Hektographien und in Maschinenabschriften verbreitet, es wurde handschriftlich kopiert, man las es immer wieder in Arbeiter- und Studentenzirkeln.»

Dabei ist es eine recht minderwertige Poesie. Der Verfasser der *Kindheit,* der Verfasser von *Strásti Mordásti,* der erschütternden Geschichte von dem kleinen Krüppel und seiner Insektensammlung, ist unbedingt ein echter Dichter. Aber wehe, wenn er Verse machen will, mit Metrik und Reim . . .

Übrigens findet Gorki seine Außenseiter nicht nur in der malerischen Welt der Gauner. Sein erster Roman *Fomá Gordéjew* (1899), der auch sein bester bleibt, führt uns in ein anderes soziales Milieu, das der Kaufleute. Im Vergleich zu Ostrówski (1823–1886), dessen Dramen die Kaufmannsfamilien der Jahrhundertmitte darstellten, ist das Bild, das Gorki gibt, ein völlig anderes. Bei Ostrówski finden wir noch einen machtvollen Stand, wohlfundiert, stabil, blockartig, ein «Schattenreich», in dem jeder «Lichtstrahl» zum Erlöschen gebracht wurde, d. h. die wenigen lichtvollen Gestalten schnell in der Ignoranz, in der Gier und der brutalen Tyrannei dieses Milieus untergingen. Die Kaufleute Gorkis dagegen sind zu Reichtum gelangte Menschen aus dem Volke, noch voller Frische, voller Widersprüche, Beunruhigungen und Komplexe. Der Vater Gordéjew, Ignátij, *«hat drei Seelen».* Einzig *«die erste ist auf Gewinn, Gold und intensive Arbeit konzentriert».* Aber *«während er sich mit aller Kraft der Rubeljagd hingab, war er doch nicht geldgierig im engeren Sinne des Wortes, und es konnte vorkommen, daß er eine gewisse Indifferenz für sein Hab und Gut an den Tag legte».* Gerade das war für eine Person Ostrówskis undenkbar. Das Geld mit vollen Händen für die verstiegenste Ausschweifung hinauswerfen – ja! aber niemals ihm gegenüber eine *«gewisse Indifferenz»* empfinden! Dies ist die Eigentümlichkeit der *«zweiten Seele»* Ignátijs, jener *«aufrührerischen und lüsternen»* Seele; es ist die Eigentümlichkeit des *«neuen Menschen».* Und was die dritte Seele Ignátijs betrifft, so *«tut sie Buße».*

Von diesem Manne mit den drei Seelen und von einer schweigsamen und geheimnisumwitterten Mutter, der Tochter eines altgläubigen Kosaken aus dem Urál, stammt Fomá ab. Auch er ist beunruhigt und fragt sich ständig: «*Was geht in mir vor? Wer bin ich? . . . Warum kann ich nicht leben wie die anderen, sicher und ruhig? . . . Wo ist meine Stelle? . . . Welches ist meine Aufgabe?*»

Fomá, eine echte Naturkraft, brutal und ungebildet, sucht sich in Ausschweifungen, im Alkohol, in verrückten Streichen abzureagieren. Eines Nachts verläßt er während einer Orgie auf einem Floß inmitten der Wolga seine Kumpane, gelangt ans Ufer, kappt die Taue und gibt seine verdutzten Genossen den Strudeln des ungeheuren Stromes preis. Ein andres Mal läßt er den Kapitän auf seinem eigenen Lastkahn fesseln und amüsiert sich damit, die begegnenden Boote zu rammen und zu versenken. Er stürzt sich kopfüber «*in den Tumult der Orgien, unter Menschen, die von rasenden Leidenschaften umhergewirbelt werden und in der Sucht, sich selbst zu vergessen, um den Verstand kommen*». Er weint, wenn er traurige Lieder hört, stürzt sich verzweifelt in wilde Tänze, springt über Bord in den Fluß. Zwei- oder dreimal sieht er «*die Wahrheit*», ohne sie jedoch festhalten zu können. Ein erstes Mal, während er an den übermenschlichen Anstrengungen der Matrosen teilnimmt, ein Schiff, das er selbst versenkt hatte, wieder flottzumachen, «*fällt er einem eigenartigen Gefühl zum Opfer: leidenschaftlich begehrt er, sich in das erregte Geschrei der Arbeiter zu mengen, das weit und gewaltig wie der Fluß ist, in das verwirrende Geknirsch, in das Kreischen und Scheppern der Eisenteile, in den wütenden Anprall der Wogen . . .*» Trunken, selbstvergessen, zieht er an der Kette «*und erfährt zum erstenmal in seinem Leben ein derart begeisterndes Gefühl, das seine ganze ausgehungerte Seele überflutet*».

Ein andermal nimmt er, voller Sehnsucht und Trauer, an einer Festlichkeit von w i r k l i c h e n Arbeitern, Schriftsetzern, teil. Es gelingt ihm aber nicht, sich unter sie zu mischen, einer von ihnen zu werden. Er verpaßt alle Möglichkeiten bis zu jenem Tage, wo er plötzlich begreift, daß er keine innere Freiheit finden wird, solange er sich nicht seines Besitzes entledigt hat. Nun schleudert er sein Gold unter die Menge, inszeniert dann einen riesigen Skandal, indem er bei einem öffentlichen Empfang den Notabeln der Stadt ihre dreckige Wahrheit ins Gesicht schreit. Fomá wird für verrückt gehalten und in Verwahrung genommen. Schließlich verliert er tatsächlich den Verstand und endet als Bettler, als erleuchteter Landstreicher.

Was ist ihm widerfahren? Er sagt es selbst: «*Ein Mensch fährt auf einem Schiff den Fluß hinunter . . . Das Schiff ist vielleicht gut, aber das Wasser darunter ist tief . . . Das Schiff ist zuverlässig . . . Aber wenn der Mensch sich darauf einläßt, die dunkle Tiefe zu spüren, wird ihn kein Schiff mehr retten . . .*»

*Erdöltransport im Wolgadelta*

Fomá geht zugrunde, weil er sich darauf eingelassen hat, die dunkle Tiefe einer in ihren Grundfesten erschütterten Welt zu spüren.

Er ist nur der erste in einer Reihe von Personen desselben Typs, die in den weiteren Werken des Schriftstellers ständig wiederkehren: Matwéj Koshemjákin, Pjotr Artamónow, manche Figuren in der *Kleinstadt Okúrow* oder die liebevoll gezeichneten Porträts der Großindustriellen und Kaufleute Bugrów oder Morósow, dieser *«weißen Raben»*, die revolutionäre Unternehmungen fördern, während sie dabei in aller Ruhe ihre Arbeiter weiter ausbeuten. *«Ich kenne und verstehe diese Art von Menschen ein wenig»*, sagt Gorki. *«Jeder von ihnen hat eine schmerzhafte, unausweichliche Krise* (wörtlich: Umwendung der Seele) *durchgemacht: Ihre Seele war zum Kampf geboren, hatte an ihn geglaubt, und nun hat die Stadt mit hundert kleinen Hämmern sie zurechtgestutzt, hat diese bildsame Seele bald erweitert, bald eingeschnürt.»*

Wie die Landstreicher sind auch die entgleisten Kaufleute Deklassierte; sie strömen über von einer Kraft, die an sich gut ist und die, recht verwendet, die Welt erneuern könnte: Aber da sie keine Anwendung für sich findet, wendet sich diese Kraft gegen sich selbst und verzehrt sich in mutwilliger Zerstörung. Dieser Begriff des Mutwillens

17

ist spezifisch russisch, und es gibt zu seiner Bezeichnung ein völlig unübersetzbares Wort: osorstwó. Es handelt sich nicht etwa um Rowdytum, was man «chuliganísm» nennt (ein Terminus, der sonderbarerweise aus dem Englischen entlehnt – hooligan – und im Russischen zu einem sehr gängigen Wort geworden ist). Osorstwó ist ein alter Ausdruck, den schon die Bylínen, die altrussischen Volksepen, kennen. Einer ihrer Helden, Wásjka Buslájew (auf den Gorki sich beruft) ist das Urbild des osorník, ein Raufbold und Zerstörer: Seine Seele ist auf das Gute gerichtet, aber da sie es nicht zu finden weiß, wird sie, die heilig-unerfüllte, haltlos. Dies war die Bedeutung des Wortes osorstwó bei dem Recken des Volksepos; später ist es entwertet worden, und man benutzte es manchmal einfach im Sinne von «Unverschämtheit». Aber bei Gorki gewinnt es in den allermeisten Fällen seinen ursprünglichen Sinn wieder. In einem seiner Theaterstücke beklagt sich jemand, daß man seine Gemüsebeete verwüstet habe. *«Wenn sie von Hunger getrieben worden wären»*, sagt er, *«aber nein . . .»* – *«Die Engel essen nicht, und Satan hatte keinen Hunger, nicht einmal, als er sich gegen Gott auflehnte»*, antwortet ihm sein Gesprächspartner. – *«Das ist genau das, was ich osorstwó nenne»*, sagte der erste.

In einer Erzählung läßt Gorki einen Setzer auftreten, der den Artikel des Chefredakteurs entstellt, indem er einen saugroben Satz einschiebt. Ist das ein überlegter Akt eines bewußten Proletariers? Durchaus nicht, denn der Held fühlt sich ganz einfach *«boshaft»*, *«beleidigt»*, weil *«seine Seele traurig ist»*. Die Erzählung ist überschrieben: *«Osorník»*.

Gorki wendet dieses Wort auf Tolstói an, und sogar mehrfach: *«Ich meine, in ihm war etwas von dem unverschämten und gierig aufs Verstehen gerichteten osorstwó eines Wásjka Buslájew»*. Und als sich Tolstói später, nach ihrer ersten Begegnung, anschickt, ihm peinliche und verzwickte Fragen zu stellen, sagt Gorki: *«Das ist das osorstwó eines Recken! Wásjka Buslájew, der osorník von Nówgorod, hat in seiner Jugend solche Spiele betrieben. Tolstói ist dauernd dabei, ‹auf die Probe zu stellen›, sich an irgendeiner Sache zu versuchen, als wenn er es auf eine Schlägerei abgesehen hätte. Das ist interessant, aber ich hab es nicht gern. Er ist der Teufel in Person, und ich bin doch erst ein Säugling, er sollte mich nicht so herunterputzen.»*

Im osorstwó liegt etwas Tragisches, und in diesem Sinne hat ein Dichter Raspútin einmal als stárez-osorník bezeichnet. Die zerstörerischen Gesten der Gorkischen Helden sind eine Selbstzerstörung, ein Sühneopfer; ein Akt der Barbarei, gewiß, aber ein tragischer Akt.

Den Hintergrund des tumultuarischen Lebens dieser Geschöpfe bildet die weite, ungeheure und machtvolle Strömung der Wolga, der sich ihr Durst nach dem Unendlichen verschwistert. Gorki enthüllt den Sinn

*Wolgalandschaft*

dieser Landschaft: «*Alles ist durchtränkt von Langsamkeit; die Natur und die Menschen leben schwerfällig und träge dahin, aber hinter der Trägheit scheint sich eine ungeheure Kraft zu verbergen, eine Kraft, die unerklärlich ist, noch unbewußt, noch ohne Kenntnis ihrer eigenen Wünsche und Ziele . . .*»

Die Unermeßlichkeit der Wolga hat Gorki geprägt. Schaljápin, der ebenfalls am Ufer dieses Flusses geboren war, brachte es zum Ausdruck: «Ich weiß mit einem sicheren, tiefen, über jeden Zweifel erhabenen Wissen, daß alle Gedanken, alle Gefühle, alle Taten Gorkis, die guten wie die schlechten, nur eine einzige Quelle hatten: die Wolga.»

Die Wolga ist der Fluß Sténka Rásins. Ein altes volkstümliches Lied zeigt uns diesen Atamán, wie er auf seinem beutebeladenen Schiff den Strom hinabfährt und als Sühneopfer seine schöne Gefangene, eine persische Prinzessin, in die Fluten schleudert: «*Wolga, Wolga, teure Mutter, Wolga, russischer Strom! Nimm dies Geschenk eines Donkosaken, wie du noch keines gesehn hast!*»

Ignátij Gordéjew handelt genauso. Vom Ufer aus betrachtet er mit Entzücken, wie sein eigenes Schiff von den Eisschollen zerrieben wird. Es ist ein funkelnagelneues Schiff, aber der Mann frohlockt und ruft dem Strom zu: «*Nur zu! Noch mehr . . . Stoß zu! . . . Seht doch, wie sie schuftet, die Wolga! Herrlich! Wolga, Wolga, teure Mutter, sie kann die ganze Erde zerschmettern . . . Um so schlimmer für das Schiff! . . . Die Wolga hat's gegeben, die Wolga hat's genommen . . .*»

Aber an der Wolga ist, zwei Jahre später als Gorki, auch Lenin geboren.


## Der «Lautsprecher» der Bühne

Die machtvolle Vitalität der Gorkischen Helden, der dramatische Charakter ihrer Konflikte schreien förmlich nach den Brettern. Die Direktoren des Moskauer Künstlertheaters, Stanisláwski und Nemírowitsch-Dántschenko, ermunterten den jungen Autor lebhaft, für das Theater zu schreiben. Auch die Bühnenbearbeiter spürten die szenischen Möglichkeiten seiner Romane: Allein im Jahre 1901 kontrollierte das Zensurkomitee 31 Bühnenbearbeitungen des *Fomá Gordéjew*, von denen manche in der Provinz und sogar in Petersburg in zwei Theatern gleichzeitig gegeben wurden. Diese Bearbeitungen rückten die Figuren der Arbeiter, obwohl sie im Roman nur eine untergeordnete Rolle spielen, in den Vordergrund und unterstrichen die «kämpferischen» Tiraden.

Auf der Bühne fand der Neue Mensch Gorkis eine noch stärkere Resonanz, dank der direkten Einwirkung auf das Publikum. Das Theater wurde zur revolutionären Kunst par excellence. Die emotionale und politische Reichweite der Gorkischen Stücke vermehrte sich noch, da sie im Moskauer Künstlertheater gespielt wurden, auf der 1898 neu geschaffenen Bühne der fortschrittlichen Intelligenz, auf der Bühne, die eine Erneuerung der Kunst und des Denkens anzubahnen versuchte. Ihr großer Autor war Tschéchow, seine *Möwe* ist zum eigentlichen Symbol des Künstlertheaters geworden. Während der Spielzeit von 1902 sagte man in Moskau, daß der feurige Falke Gorkis sich mit Tschéchows melancholischer Möwe verbunden habe.

Die Dramaturgie Tschéchows kommt vom psychologischen Drama Ibsens und besonders Hauptmanns her, aber an die Stelle der finstren Größe des Skandinaviers und der Phantasie des Deutschen setzt sie die Monotonie des Alltags in der russischen Provinz. Von dieser psychologischen Dramaturgie hat Tschéchow und durch ihn auch Gorki das Wesentliche an Technik entlehnt: Die Aktion, das Spiel, weichen einer Art von parallel verlaufenden Monologen, die nicht zu Dialogen werden; jede Person hängt ihren eigenen Gedanken nach und spricht sie in

*Gorki mit Schauspielern des Moskauer Künstlertheaters, 1902*

*Das «Nachtasyl» im Moskauer Künstlertheater. Szene aus dem IV. Akt*

Sätzen aus, die nur für sie bestimmt zu sein scheinen. Die Pausen sind ebenso mit Sinn belastet wie Rede und Gegenrede. In dem Bewußtsein des Fehlens von «Handlung» – der eigentlichen Seele des Theaters – betrachtete sich Gorki, ebenso wie Tschéchow, als einen *«armseligen Dramatiker»*. Er war seiner Meisterschaft so wenig sicher, daß er seinen dramatischen Werken meistens den Untertitel: «Szenen» gab, und es bedurfte der Autorität eines Nemírowitsch-Dántschenko, um ihn dazu zu bringen, daß er seine *Wássa Shelesnówa* als «Stück» bezeichnete; niemals jedoch erlaubte er sich, zu schreiben: «Drama». Gequält von Unsicherheit, hat Gorki seine Stücke immer wieder umgearbeitet, und wir besitzen sie häufig in zwei Fassungen.

Wie auch immer, diese dramatischen Werke hatten einen ungeheuren Erfolg, den sie aber vielleicht weniger ihrem künstlerischen Wert als ihrer Aktualität zu danken hatten. Ihre Personen drückten den seelischen Zustand des russischen Publikums an der Jahrhundertwende aus: die Trostlosigkeit der Zustände, deren historische Rolle sich in der Revolution des Jahres 1917 vollenden sollte. Aber Gorki versprach darüber hinaus eine neue Hoffnung mit seinen neuen Helden, den *«Bösartigen und Ungezähmten»*. Tatsächlich ist der Widerhall, den seine Stücke fanden, interessanter als diese Stücke selbst.

In den *Spießbürgern*, einem Konflikt innerhalb einer Kaufmannsfamilie der alten Gesellschaft, ist der Neue Mensch der Eisenbahner Nil, zum erstenmal ein «wirklicher» Arbeiter, der nach Gorki ein *«Mensch sein soll, der sich ganz seiner Kraft und seines Rechtes, das Leben nach*

# МОСКОВСКИЙ ХУДОЖЕСТВЕННЫЙ ТЕАТРЪ

**Среда, 18-го Декабря.**

Въ 1-й разъ:

# НА ДНѢ,

сцены въ 4-хъ дѣйствіяхъ, соч. Максима Горькаго.

Участвующіе: Г. С. Бурджаловъ, Е. П. Муратова, М. Ѳ. Андреева, В. Ѳ. Грибунинъ, А. П. Харламовъ, А. Л. Загаровъ, М. Г. Савицкая, О. Л. Книпперъ, М. А. Самарова, В. В. Лужскій, К. С. Станиславскій, В. И. Качаловъ, М. А. Громовъ, И. М. Москвинъ, А. И. Адашевъ, Н. А. Барановъ, А. Л. Вишневскій и др.

Декораціи художника В. А. Симова.

**НАЧАЛО ВЪ 8 ЧАС. ВЕЧ., ОКОНЧ. ВЪ 12 ЧАС. НОЧИ.**
БИЛЕТЫ ВСѢ ПРОДАНЫ.

Четвергъ 19-го Декабря, во 2-й разъ: **НА ДНѢ.**
(Билеты всѣ проданы)

Пятница, 20-го Декабря, въ 16-й разъ: **ВЛАСТЬ ТЬМЫ.**

Суббота 21-го Декабря, въ 3-й разъ: **НА ДНѢ.**

Репертуаръ спектаклей съ 26-го Декабря 1902 г. по 6-е Января 1903 г. выпущенъ отдѣльными афишами.

Касса (средній подъѣздъ) открыта отъ 10 час. утра до 10 час. вечера.

*«Am 18. Dezember 1902 zum ersten Mal ‹Das Nachtasyl›. Ausverkauft.» (Theaterzettel des Moskauer Künstlertheaters)*

*seinem Willen zu gestalten, bewußt ist».* In Wirklichkeit fehlt es ihm an Durchgestaltung, man sieht ihn nur von außen, aber das Stück erschien in einer Epoche großer politischer Spannung. Es wurde zunächst verboten, später wurden Streichungen erzwungen.

Zu diesen Streichungen bieten uns die Polizeiarchive eine interessante Einzelheit in Gestalt eines an den Generalgouverneur von Moskau gerichteten Schreibens des Innenministers, in dem dieser vorschlägt, «eine Person namhaft zu machen, die den Sonderauftrag bekäme, der Generalprobe beizuwohnen, um einen Bericht über den Eindruck zu verfassen, den der erste dramaturgische Versuch Gorkis auf der Bühne mache. Auf diese Weise könnte verhindert werden, daß in der Öffentlichkeit solche Stellen oder Ausdrücke zu Gehör gebracht würden, die beim Lesen keinen negativen Eindruck machten, aber auf der Bühne eine unerwünschte Wirkung haben könnten.»

Letzten Endes wurde, dank dem Snobismus einiger einflußreicher Damen der Petersburger hohen Gesellschaft, die Erlaubnis zur Aufführung erteilt, jedoch nur für vier Vorstellungen an Abonnementsabenden, vor einem «sicheren» Publikum. Das Künstlertheater beschloß die Uraufführung im Zuge einer Tournee am 26. März 1902 in Petersburg selbst anzusetzen. Aber die Behörden verlangten eine «Extra»-Generalprobe, über die Nemírowitsch-Dántschenko erzählt: «Mit einer unglaublichen Geschwindigkeit war die vornehme Welt informiert, und wir wurden aus Kreisen der obersten Staatsbeamten und des diplomatischen Korps mit Bestellungen von Orchesterlogen und Parterresesseln überflutet. Die Vorstellung vereinigte ein glänzendes, elegantes, politisch einflußreiches Publikum, das jedem europäischen Kongreß zur Ehre gereicht hätte.»

Vorher war Nemírowitsch-Dántschenko an mehreren Abenden, an denen Ibsens *Doktor Stockmann* gespielt wurde, in den «Olymp» hinaufgestiegen, dessen Plätze den Studenten kostenlos zur Verfügung standen, um dieses leicht erregbare Publikum zur Zurückhaltung von jeglicher Kundgebung zu überreden. Aus übertriebener Vorsicht hatte die Polizei die Logenschließer durch Agenten ersetzt.

Auf die Petersburger Premiere folgte die Moskauer, aber in keiner der Hauptstädte brachte das Schauspiel den erwarteten Erfolg. Diesen errang Gorki ein paar Monate später, im Dezember des gleichen Jahres 1902, mit dem *Nachtasyl.*

Diesmal war der Stoff glücklicher gewählt, das Thema vollständig neu für die Bühne: das Pittoreske eines Nachtasyls mit seinen Gästen, Vertretern des *ancien régime* vermischt mit Menschen aus dem Volke, heruntergekommenen Elementen, Liebespärchen. Auch das Ensemble des Künstlertheaters hatte inzwischen Zeit gehabt, die Schwierigkeiten zu bewältigen, die Gorkis Stil mit sich brachte und deren wesentlichste nach Stanisláwski «die auf Effekt berechneten Aphorismen und die schwülstigen Wendungen der Predigten . . .» waren. Es ging um die Wiedergabe «eines neuen Tons, einer neuen Art zu spielen, eines neuen Realismus, einer merkwürdigen Romantik, einer Pathetik, die gleichzeitig das theatrale Pathos und die Predigt streifte. Man mußte die Sprache Gorkis zu sprechen verstehen, den Satz nachhallen lassen, ihn lebendig machen. Man muß seine moralischen und didaktischen Monologe mit der nötigen Einfalt rezitieren können, ohne daß der natürliche Schwung der Rede durch Pathos verfälscht würde – andernfalls läuft man Gefahr, melodramatisch zu werden . . .»

Da die *Spießbürger* der Polizei keinerlei Unannehmlichkeiten bereitet hatten, gestattete sie die Aufführung des *Nachtasyls* (zwar erst nach einigen Einwendungen). Sie erwartete, «daß es mit Pauken und Trompeten durchfallen würde». Aber die Polizei war schlecht informiert. Nachdem Gorki Schauspielern und Schriftstellern den Text zu lesen gegeben hatte, erwartete Moskau fiebernd das *Nachtasyl*. Auf die Frage eines Schauspielers an den Autor, welche Wirkung er erreichen wolle, antwortete dieser: *«Wenn es Ihnen gelingt, den Zuschauer so aufzurütteln, daß er sich in seinem Sessel nicht mehr wohl fühlt, werde ich schon sehr zufrieden sein.»*

«Die Vorstellung», erzählt Stanisláwski, «hatte einen gewaltigen Erfolg. Immer und immer wieder wurden Spielleiter, Schauspieler und der Autor selbst vorgerufen. Gorki war komisch anzusehen, als er das erste Mal auf der Bühne erschien, die Zigarette (die er vergessen hatte auszumachen) zwischen den Lippen, lächelnd, ganz verwirrt, so daß er selbst die Verbeugung vergaß . . . Gorki wurde der Held des Tages. Man lief ihm auf der Straße und ins Theater nach; ganze Haufen von Bewunderern männlichen und vor allem weiblichen Geschlechts umringten ihn; bei seinen ersten Auftritten in der Öffentlichkeit gab er sich linkisch, da seine Popularität ihm peinlich war, zupfte an seinem kleinen, rotblonden Schnurrbart, fuhr jeden Augenblick mit seinen kraftvollen, männlichen Fingern durch seine langen widerspenstigen Haare oder warf den Kopf zurück. Er war so durcheinander, daß er zuckte, daß die Nasenlöcher zitterten, daß er sich wand – ‹Kinder!› sagte er zu seinen Bewunderern und lächelte dabei schuldbewußt – ‹Hört doch zu . . . das ist so peinlich . . . Wirklich wahr . . . mein Wort! . . . was ist denn an mir schon zu sehn? ich bin doch keine Sängerin oder Tänzerin . . . Was soll die ganze Geschichte! Geht doch, wirklich . . .› Aber seine komische Verwirrung und seine absonderliche Ausdrucksweise in diesem Zustand bewirkten nur eine Vermehrung des Interesses und der Zahl seiner Anhänger. Gorkis Charme war äußerst wirksam.»

*Die Spießbürger* wurden nach ihrer russischen Uraufführung vom März 1902 im Dezember schon in Berlin und Wien gespielt. *Das Nachtasyl* gelangte noch schneller ins Ausland. Am größten war je-

*Eisgang auf der Wolga*

doch der Bühnenerfolg und die Erregung in der russischen Provinz. Es ging so weit, daß die Zensur zu einer drakonischen Maßnahme griff: Beide Stücke mußten vor jeder Aufführung einer von den örtlichen Organen ad hoc durchgeführten Zensur unterworfen werden. Aufführungen in den Volkstheatern und in den nichtrussischen Nationalsprachen des Kaiserreiches wurden verboten. Trotz allem erlebten beide Stücke eine Vielzahl von Aufführungen in einer ganzen Reihe von Städten.

*Das Nachtasyl* blieb der größte und dauerhafteste und im Grunde der einzige dramatische Erfolg Gorkis. Außerdem war es auch ein ungewöhnlicher Bucherfolg, der erste in Rußland, der ein solches Ausmaß erreichte: Die erste Auflage von 40 000 Exemplaren war innerhalb von zwei Wochen vergriffen, und nach Ablauf eines Jahres waren bereits 750 000 Exemplare verkauft.

Die folgenden Stücke sind nur von begrenztem Interesse. Am bemerkenswertesten waren *Die Sommergäste* (1904), wo der Konflikt zwischen den zwei Gruppen der Intelligenz vom Publikum wie ein politisches Rededuell aufgenommen wurde. Während der Vorstellung dieses Stückes in Petersburg versuchte der monarchistische Flügel der Zuschauer die Ordnung zu stören, aber die Demokraten setzten sich durch und brachten dem im Theater anwesenden Autor eine Ovation dar. Während seiner Haft in der Peter-Pauls-Festung im Januar/Februar 1905 schrieb Gorki *Die Kinder der Sonne,* die er selbst für völlig mißlungen ansah. Sie wirbelten indessen doch Staub auf, da es zu Zwischenfällen kam, die politische Rückwirkungen hatten.

In der Novelle, im Roman, auf der Bühne brachte der Gorkische Held eine Erneuerung, vor allem dank seiner Romantik, jener Romantik, die der Autor definierte als *«aktive Einstellung zum Leben, Verherrlichung der Arbeit, Erziehung zum Lebenswillen, Begeisterung für den Aufbau neuer Lebensformen, Haß gegen die alte Welt».*

# Der Ruf der Revolution

Kindheit und Jugend Gorkis, die er uns selbst erzählt hat, fallen zeitlich zusammen mit dem Erwachen Rußlands und der Vorbereitung des Landes auf die Umwälzungen von 1905. Die Städte an der Wolga, seine engere Heimat, die großen Flußhäfen und Industriezentren machten das Kind mit der Welt der Arbeiter, aber auch mit der Welt der Revolutionäre bekannt. Hier lernte es die Häftlinge kennen, die auf dem Wege in die sibirische Verbannung waren, und ehemalige Sträflinge, denen die Regierung den Aufenthalt in den Hauptstädten versagte. Es waren ihrer so viele, daß sie tatsächlich eine Klasse für sich

*Einfahrt in die Stadt Kasánj im 19. Jahrhundert*

bildeten. In dieser Umgebung wird dem jungen Gorki das Herannahen der Revolution bewußt. Wie hätte er, der Sohn eines Sklaven, eines Wolga-Treidlers, er, der vom zehnten Lebensjahr an sein Brot selbst verdienen mußte, sie nicht herbeisehnen sollen? *«Ihr sagt: ein Marxist!»* rief er später aus. *«Ohne Zweifel! allerdings nicht nach Marx, sondern weil meine Haut so gegerbt war. Mehr und besser als aus Büchern habe ich den Marxismus bei Semjónow, dem Bäcker in Kasánj, gelernt.»*

Diese Universitätsstadt war eines der wichtigsten Zentren der politischen Gärung. Und hier beginnt Gorki, indem er abwechselnd als Verladearbeiter, Gärtner, Statist und vor allem als Bäcker unter allerschwersten Bedingungen arbeitet, seine politische Ausbildung bei Studenten und in marxistischen Geheimzirkeln. Einer der Mittelpunkte der illegalen Bewegung ist die Bäckerei und Kolonialwarenhandlung eines gewissen Dérenkow, die als Tarnung für eine Bibliothek verbotener Bücher dient. Gorki ist in jener Zeit gleichzeitig Arbeiter, Bäcker und Verschwörer.

Schritt für Schritt, aber ohne Methode, eignet er sich sein neues Wissen an. Gierig verschlingt er die Erzeugnisse einer Literatur, die es sich zur Aufgabe gemacht hat, politische und wissenschaftliche Kenntnis in populärer Form zu verbreiten. Verwirrt und begeistert von den Ausblicken, die sich ihm eröffnen, empfindet er einen, fast könnte man sagen, religiösen Glauben an die Macht des Fortschritts und der Vernunft. Diese Errungenschaft bringt aber ihre Schwierigkeiten mit sich. Der Bäckergeselle und Autodidakt empfindet schmerzhaft die tiefe Kluft, die ihn von der lernenden und studierenden Jugend trennt, der er nicht mehr ist als ein sonderbares Tier. Als er daran verzweifelt, diese Kluft je zu überwinden, schießt er sich 1887 mit dem Revolver in die Herzgegend. Die Kugel verletzt jedoch nur die Lunge. Der Junge – er ist 19 Jahre alt – wird gerettet, aber die Wunde wird die Ursache seiner Tuberkulose.

Die politische Erziehung Gorkis geht verstärkt und systemlos weiter, zunächst bei einem gewissen Romas, einem aus Sibirien zurückgekehrten Verbannten, der unter den Bauern agitiert, dann in der Umgebung der Sträflinge, die bei den Zarízyner Eisenbahnen angestellt sind. Obwohl Gorki die Ideen des Marxismus kennt, greift er sie nicht sofort auf. Zunächst versucht er, nachdem er selbst in der kleinen Bahnstation Krutája einen Studienzirkel organisiert hat, zu dem zwei Telegraphenarbeiter, ein Mechaniker, ein Tischler und ein Buchbinder gehören, nach Tolstoischem Muster die Rückkehr zu einem urtümlichen Glückszustand in einer bäuerlichen Siedlungsgemeinschaft. Man lebt in der Epoche der Hochblüte des Tolstoismus, und die Zeit ist noch fern, da Gorki den steigenden Einfluß dieses *Mannes der gelösten Probleme* als verhängnisvoll bezeichnen wird.

Vorerst ist Alexéi Peschków 21 Jahre alt, und sein Name steht unter einem Schreiben der Gruppe von Krutája, in dem sie sich an Tolstói wendet: *Man sagt, daß Sie sehr viel Brachland besitzen. Wir bitten Sie, uns ein Stück davon zu geben.* Da lange keine Antwort kommt, wird Alexéi von seinen Kameraden nach Jásnaja Poljána geschickt. Die Entfernung beträgt etwa tausend Werst (1 Werst = 1066 m), die er teilweise zu Fuß zurücklegt. Er trifft den Meister nicht an, stößt bis nach Moskau vor, in der Hoffnung, ihm dort zu begegnen, wird aber von der Gräfin Tolstói glatt abgewiesen.

In Níshnij Nówgorod, wo die Kolonie der politischen Verbannten ständig größer wird, trifft er zwei alte Bekannte aus Kasánj wieder, den als «unzuverlässig» pensionierten Lehrer Tschékin und den ehemaligen Sibirienhäftling Sómow. Er lebt bei ihnen, sie bilden eine Art «kommunistischer» Symbiose, und da seine beiden Gefährten unter «diskreter Aufsicht» der Polizei stehen, beschäftigt sich letztere gleichfalls mit ihm. Eine derartige Aufsicht scheint der Polizei um so gerechtfertigter, als Gorki in einer Brauerei arbeitet, wo er Flaschen wäscht und verkorkt oder ganze Tage hindurch Fässer rollt: Er ist also kein Intelligenzler, sondern ein wirklicher Arbeiter, und das macht die Sache bedenklich. Man stellt eine Erhebung über ihn an, und seitdem

*Die Zitadelle von Níshnij Nówgorod, in der Gorki 1889
zum ersten Mal in Haft war*

beginnt das Aktenstück «Alexéi Peschków», anzuwachsen. Im Oktober 1889 wird Sómow im Zusammenhang mit der Entdeckung einer
Geheimdruckerei verhaftet. Seine Hausgenossen werden vernommen,
und der Gendarmerie-Bericht vermeldet, «Peschków habe sich während des Verhörs unverschämt und sogar herausfordernd aufgeführt».
Er wird verhaftet, aber die Untersuchung weist nichts gegen ihn auf,
als daß er «in Kasánj in einer Bäckerei gearbeitet hat, die zu verwerf-
lichen Zwecken eingerichtet gewesen sei, daß er in dieser Stadt Verbindung zu verdächtigen Personen unterhalten und Schriften einer wenig
empfehlenswerten Tendenz gelesen hat, was weder seinem intellektuellen Niveau noch seinem Ausbildungsgange entspricht».

Da zu jener Zeit eine «verdächtige Denkweise» nicht ausreichte, um
eine Inhaftierung zu rechtfertigen, wurde Gorki wieder entlassen, und
zwar um so leichter, als der Augenblick nicht mehr fern war, wo er
ausgelost und vermutlich zum Militärdienst einberufen werden mußte.
Er selbst fühlte sich so verloren, daß ihm diese Möglichkeit beinahe
noch als ein Ausweg vorkam. Aber der Militärarzt wollte keinen Mann
mit einer «durchlöcherten Lunge». In seiner Verzweiflung bewarb sich
Gorki um die Teilnahme an einer topographischen Expedition ins

Pamir-Gebiet, aber dort wollte man niemanden, der «politisch verdächtig» war.

Daraufhin wendet er sich der Literatur zu. Dem Schriftsteller Korolénko, der nach zehnjähriger Verbannung nach Sibirien nunmehr verurteilt ist, in Níshnij zu leben, legt er vor, was ihm selbst *«ein ausgezeichnetes Poem in Versen und Prosa»* zu sein scheint: den *«Sang der alten Eiche»*. Alexéj bekommt eine schonungslose Kritik zu hören. Enttäuscht kehrt er sofort der Literatur den Rücken. Er verläßt Níshnij bald darauf, um das mittlere Rußland zu Fuß zu durchwandern. Zwei Jahre lang zieht er durch das Don-Gebiet, durch die Ukraine und Bessarabien bis zur Donau, kehrt um, folgt der Schwarzmeerküste und erreicht schließlich, über die Krim, den Kaukasus. Er arbeitet bald hier, bald da, lebt unter Zigeunern, Fischern, Hafenarbeitern, Landstreichern in Odessa, läßt sich für den Bau einer Eisenbahnstrecke anwerben und erlebt tausend Abenteuer.

Schließlich läßt er sich in Tiflis bei einem Verbannten nieder und findet dort ein günstiges revolutionäres Milieu von Studenten und Arbeitern vor. Jetzt ist er selbst bereits Instrukteur. Der aktive Kaljúschny von der berühmten Gruppe «Volkswille» drängt ihn zu schrei-

*Níshnij Nówgorod (später Gorki) um die Mitte des 19. Jahrhunderts*

*In Níshnij Nówgorod, 1896*

ben und ist ihm bei der Publikation seiner ersten Erzählung behilflich: *Makár Tschúdra* erscheint in der Provinzzeitung *Kawkás*. Der 12. (24.) September 1892, an dem diese Erzählung erschien, wird von Gorki als sein Eintritt in die literarische Laufbahn betrachtet. In der Redaktionsstube dieses Provinzblattes findet er, als man ihn drängt, die Erzählung zu signieren, sein Pseudonym. Von jetzt ab wird aus Alexéi Peschków: Maxím Gorki.

Im Herbst 1892 begegnet er seiner ersten Liebe wieder, Kamínskaja, der Frau eines Verbannten, die ihm diesmal nach Níshnij folgt. Er kommt wieder in seiner Vaterstadt unter und arbeitet als Sekretär eines Rechtsanwalts. Daneben wird er ständiger Mitarbeiter von örtlichen und bald auch von Moskauer Zeitungen. Korolénko verschafft ihm eine ständige Spalte im Journal von Ssamára, wohin Gorki übersiedelt. Er bekommt ein Fixum von 100 Rubeln pro Monat plus drei Kopeken für jede Prosazeile und ist verpflichtet, jeden Sonntag einen Beitrag zu liefern. Es ist für ihn ein Dorado.

1898

Gewiß, es ist ein Dorado, endlich eine gesicherte Existenz, aber er ist nun Federfuchser im Akkord. Er ist verpflichtet, Gegenstände von lokalem Interesse zu behandeln, er ist auf Gerüchte, Klatschgeschichten und Skandale angewiesen, er muß sich um die Stadtverwaltung, Pferdeomnibusse und Diebstähle kümmern. Er wählt den von ihm bevorzugten Stil der makabren Ironie und zeichnet seine Provinzannalen – unter sorgsamer Vermeidung des Namens Gorki, der für Besseres aufgespart werden soll – mit dem skurrilen Pseudonym Jehudilius Chlamys. Zum mindesten versucht er jedoch, dem sozialen Aspekt der Fragen das Übergewicht zu geben, und nimmt in seinen Lokalberichten gern die Pose des Richters an: *«Ich war unzufrieden»*, sagt er, *«mit dem Gouverneur, mit dem Erzbischof, mit der Stadt, mit der Welt, mit mir selbst und mit einem Haufen anderer Dinge.»* Manchmal gelingt es ihm, die Ausbeutung der Arbeiter, die Betriebsunfälle, Ungerechtigkeiten und den Amtsmißbrauch ans Licht zu ziehen, gleichsam als Vorbereitung für einen sozialen Journalismus auf höherer Stufe.

Im Oktober 1896 kommt seine Tuberkulose zum Ausbruch. Mit Unterstützung des Literarischen Fonds fährt er zur Kur auf die Krim, hält sich dann, von der Polizei verfolgt, für kurze Zeit in der Ukraine, in einem milderen Klima, auf und kehrt nach einigen Irrfahrten 1898 wieder an seinen Ausgangs- und Haltepunkt (Níshnij zurück.

Nach dem *Sturmvogel* (1895), der wie eine Revolutionshymne aufgenommen wurde, ist Gorkis Name in aller Munde, und die Veröffentlichung seiner Erzählungen in zwei Bänden (1898) wird ein großer Erfolg. Die Polizei ist beunruhigt und versucht, ihn im Auge zu behalten, aber er ist zu beweglich; es ist unmöglich, seinen Weg zu verfolgen. Ein amtlicher Bericht von 1898 sagt: «Dieser Mensch ist außerordentlich verdächtig, er hat viel gelesen, er handhabt die Feder recht gut, er hat fast ganz Rußland durchwandert (meist zu Fuß); er hat sich fast ein Jahr ohne feste Beschäftigung in Tiflis aufgehalten und ist von dort mit unbekanntem Ziel verschwunden . . .»

Schließlich spürt man ihn aber doch wieder auf, und zwar in Níshnij. Am 5. Mai 1898 wird er von der Polizei wieder nach Tiflis gebracht, wo man seinen verdächtigen Betätigungen auf den Grund gehen will. Er wird in der Festung Metech eingesperrt. Ein weiteres Mal nach Níshnij zurückgekehrt, wird er zum Zentrum der Aufmerksamkeit ganz Rußlands, *«das aufmuckt»*. Er selbst widmet sich einer ausgedehnten Aktivität, hauptsächlich sozialen Charakters. Aber die Politik heischt seine Anteilnahme. Die Regierung hatte als Abschreckungsmaßnahme eine «provisorische Anordnung» erlassen, die vorsah, «Studenten, die an kollektiven Unternehmungen gegen die bestehende Ordnung schuldig befunden waren», zwangsweise in die Armee einzugliedern. Diese Maßnahme war im Dezember 1900 in Kiew gegen etwa 100

*Gorki und Schaljápin, 1902*

Studenten, die an einer Versammlung teilgenommen hatten, angewendet worden. Gorki schreibt Briefe und ruft zum Widerstand auf. Im folgenden Frühling ist er in Petersburg. Kurz zuvor war er dort von seinen Verlegern und den angesehensten Schriftstellern und Journalisten der Hauptstadt empfangen worden und hatte durch seine Brutalität und seine Mißachtung der Umgangsformen einen Skandal verursacht. Am 4. März 1901 nimmt er teil an der berühmten Studentendemonstration vor der Kathedrale der Gottesmutter von Kasánj in

*Amtsblatt vom 1. März 1902 mit der Bekanntmachung, daß Gorki von der Akademie der Wissenschaften zum Ehrenmitglied der Literaturklasse gewählt worden ist. Darüber die handschriftliche Notiz von Zar Nikolaus II.: «Mehr als originell!»*

Petersburg, jener Demonstration, die durch das Eingreifen von Kosaken und berittener Polizei zu einem Massenmassaker wurde. Da die Regierung von diesem Ereignis eine zurechtgestutzte Darstellung publiziert, unterzeichnet Gorki ein Protestschreiben von Intelligenzlern gegen die Roheit der Polizei. Diese glaubt in ihm den Autor des Traktats «Zurückweisung der amtlichen Version» zu erkennen, hat aber keine Beweise. Um so glücklicher ist sie, ihn einige Wochen später in Níshnij verhaften zu können unter der Anschuldigung, für die Arbeitervorstadt Ssórmowo bestimmte Flugblätter hektographiert zu haben. (In Ssórmowo fand am darauffolgenden 1. Mai jene Demonstration statt, die Gorki später in der *Mutter* beschreiben sollte.)

Gorki wird mit Aufenthaltsbeschränkung und Überwachung in das nahe bei Níshnij gelegene Provinzstädtchen Arsamás verbannt. Einem neuerlichen Tuberkuloseanfall verdankt er jedoch die Erlaubnis, sich auf die Krim begeben zu dürfen. Da er durch Moskau fahren muß, erlaubt man ihm, sich dort eine Woche aufzuhalten, um persönlichen Kontakt mit dem Künstlertheater aufnehmen zu können, für das er seine *Spießbürger* bestimmt hat. Aber vor seiner Abreise kommt es zu einem Zwischenfall. Ein örtlicher Korrespondent berichtet darüber in Lenins Zeitung *Iskra:* «Am 7. November 1901 verließ Maxím Gorki Níshnij in Richtung Krim. Seine Abreise hat unseren friedlichen Sumpf aufgerührt, und sicher für lange Zeit. Die liberale Intelligenz, Rechtsanwälte, Ärzte usw. hatten beschlossen, für Gorki ein Abschiedsessen zu veranstalten und ihm eine Grußadresse zu überreichen. Die Jugend ihrerseits wollte auch an dem ‹Bankett› teilnehmen und die Gelegenheit benutzen, der bürgerlichen Intelligenz zu zeigen, daß diese nichts gemein habe mit denen, die ihrem Protest gegen das herrschende Regime tatkräftig Gehör verschaffen wollen.»

Zu dem Empfang waren etwa 150 Menschen erschienen. Die Grußadresse der Liberalen war bombastisch und verschwommen, die der Studenten rief zum Kampf auf. Gorki antwortete brutal und hochmütig, indem er sich gegen seine bürgerlichen Bewunderer auf die Seite der Jugend stellte. Er las aus einem Pamphlet, das er im Anschluß an den Skandal bei seinen Petersburger Empfängen verfaßt hatte: *Über einen von Eitelkeit geblähten Schriftsteller.* Darin ruft er sowohl sich selbst als auch seine Leser zur Ordnung. Es heißt da: *«Es ist nicht gut, daß ein Schriftsteller viele Bewunderer hat. Jeder, der mit dem ‹Publikum› zu tun hat, müßte zunächst die umgebende Luft mit dem Karbol der Wahrheit desinfizieren.»* Unter den Anwesenden kommt es zum Skandal, und die Polizei beschleunigt die Abreise des Schriftstellers derart, daß sie wie eine Vertreibung wirkt. Hunderte von Jugendlichen aber tragen ihn im Triumph zum Bahnhof, dort und in der Stadt werden flammende Kundgebungen abgehalten. Die Polizei entzieht Gorki die Erlaubnis, in Moskau Station zu machen. Vor der Hauptstadt wird der Waggon, in dem er sitzt, abgekoppelt und 50 Werst weiter in der Kleinstadt Podólsk abgestellt, wo er auf den Anschlußzug zur Krim warten muß. Seine Freunde, die ihn auf dem Moskauer Bahnhof vergeblich erwartet hatten, steigen kurz entschlossen in den nächsten Vorortzug und fahren nach Podólsk. Unter ihnen sind Gorkis Verleger, sein deutscher Übersetzer, Schaljápin, Búnin und andere. Ein stürmischer Empfang wird organisiert: Als Gorki tief in der Nacht von seinen Freunden zum Bahnhof geleitet wird, wo der Schnellzug extra seinetwegen halten soll, ist die ganze Stadt auf dem Bahnsteig versammelt, und die Schikane der Behörden endet mit einem Triumph.

Die bösartig-heftigen Passagen des Pamphlets *Über einen von Eitelkeit geblähten Schriftsteller* wurden ein Lieblingsstück der illegalen

*Die Personalakte von Alexéj Peschków bei der Ochrána von Sankt Petersburg*

Presse. In den Jugendzirkeln berauschte man sich daran. Noch größer war der Widerhall der *Frühlingsmelodien,* einer im großen und ganzen harmlosen Satire auf die Gepflogenheiten der Verwaltung, die aber auf Grund ihres Verbotes durch die Zensur an Reiz gewann. Aus Unachtsamkeit hatte man aber gerade das schlimmste Stück daraus, den *Sturmvogel,* durchgehen lassen. Von diesem Poem berichtet Gorki selbst: *«Ich gab das Manuskript einem Zirkel von Moskauer Studenten, die nach Nishnij verbannt waren. Sie machten sich daran, den Text zu vervielfältigen und zu verbreiten.»*

Zu dieser Zeit ist Gorki ein berühmter Mann. Sein Auftreten als ungehobelter Bär läßt sein Renommee nur ansteigen, und zahlreiche Anekdoten entstehen. Und hier ist in der Tat ein Schriftsteller, dessen physische Erscheinung aufs beste mit der Legende übereinstimmt. Im

Jackett macht er keine gute Figur, aber prachtvoll wirkt er in seinem schwarzen Bauernhemd, groß, mager, etwas gekrümmt, mit seinen Stiefeln, seinem kleinen Schnurrbart und seiner widerspenstigen Mähne. Ein einnehmendes Lächeln, eine warme und tiefe Stimme, eine von der Wolgagegend her provinziell gefärbte Aussprache mit sehr viel «o», was in den Hauptstädten «exotisch» wirkt, und – Gipfel der Romantik! – er ist lungenkrank.

Im Frühling 1902 läßt ein riesiger Skandal die Volkstümlichkeit des Schriftstellers noch weiter anwachsen: Die Akademie der Wissenschaften wählt Gorki zum Ehrenmitglied der Literaturklasse. Als Nikolaus II. diesen Beschluß aus dem Amtsblatt vom 1. März 1902 erfährt, schreibt er an den Rand: «Mehr als originell!» und drückt in einem Brief an den Kultusminister sein Mißfallen aus.

Wiederum wird das Gegenteil des Beabsichtigten erreicht. Die Ehrenmitglieder der Akademie, Tschéchow und Korolénko, verwenden sich aus Solidaritätsgefühl für Gorki, der mehr als je von der öffentlichen Meinung auf den Schild gehoben wird.

Es kommt das schicksalsschwere Jahr 1905. Seine ersten Tage finden Petersburg in Aufruhr. Die Arbeiter, unterstützt von dem Popen

*Die Zelle in der Trubezkoi-Kasematte der Peter-Pauls-Festung, wo Gorki inhaftiert war*

Gapón, haben für den 9. (22.) Januar einen «Marsch zum Winterpalais» beschlossen, um den Zaren auf ihre menschenunwürdige Lage aufmerksam zu machen. Aber die Regierung, die schlecht informiert ist oder vorgibt, es zu sein, bereitet Repressalien vor. Es kommt zu jener berühmten Niedermetzelung von waffenlosen, von einem Priester geführten Menschen vor dem Winterpalais, die als «Blutsonntag» in die Geschichte einging.

In höchster Empörung entwirft Gorki am Abend desselben Tages noch einen *Aufruf an alle russischen Bürger und an die öffentliche Meinung der europäischen Staaten* und übergibt das Manuskript Mitgliedern der Arbeiterdelegation. Die Polizei findet es am nächsten Tag bei ihren Nachforschungen und macht sich ein Vergnügen daraus, die Schrift zu identifizieren. Am 11. Januar bereits wird Gorki in der Peter-Pauls-Festung eingekerkert.

Die Polizei bemüht sich eifrig, «Beweise» zu konstruieren. Da tritt ein unerwarteter Gegner auf den Plan: die einmütige Empörung der öffentlichen Meinung. Sie erhebt sich mit solcher Spontaneität, Plötzlichkeit und Wut, daß die zaristische Regierung gelähmt ist – um so mehr, als die europäische Presse sich der russischen anschließt. Am 20. Februar 1905 wird Gorki gegen Kaution (10 000 Rubel, die seine Verleger stellen) freigelassen. Aber die Ochrána stellt bald fest, daß seine Anwesenheit die Geister in Aufruhr hält, und läßt ihn nach Riga schaffen. Hier macht er sich sofort daran, Material über die Vorgänge des 9. Januar zu sammeln. In Regierungskreisen kommt man mehr und mehr zu der Überzeugung, daß es am besten sei, die ganze Angelegenheit zu vertuschen. Aber Gorki hört auf diesem Ohr nicht. Er hat es darauf abgesehen, um jeden Preis verurteilt zu werden: *«Das Gericht wird für mich sein, und die Schmach für die Familie Románow und Konsorten. Wenn es zur Verhandlung kommt und ich verurteilt werde, habe ich eine ausgezeichnete Gelegenheit, Europa zu erklären, warum ich mich gegen das ‹herrschende Regime› auflehne – ein Regime, das friedliche und waffenlose Menschen, darunter sogar Kinder, hinschlachten läßt – warum ich Revolutionär bin.»*

Die Regierung entschloß sich zunächst für Ausschluß der Öffentlichkeit, zog dann die Sache in die Länge, in der Hoffnung, sie ohne Aufsehen im Sande verlaufen zu lassen, und liquidierte sie schließlich, im Zuge der politische Lockerung vom Oktober 1905 und der Bewilligung einer Verfassung, durch Amnestie.

Während der kurzen «Tage der Freiheit» nahm Gorki an der Gründung der ersten legalen bolschewististischen Tageszeitung *Nówaja Shisnj (Neues Leben* – Chefredakteur: Lenin) teil. Dort erschienen seine berüchtigten *Notizen über den Geist des Spießbürgertums,* die die Liberalen gegen ihn aufbrachten, denen er aber die erhöhte Aufmerksamkeit Lenins verdankte.

*Riga, 1905*

Das konstitutionelle Morgenrot währte nur kurz. Während dieser fiebererfüllten Monate war Gorki unermüdlich für die Revolution tätig, er publizierte, sprach in öffentlichen Versammlungen, nahm an der bewaffneten Erhebung in Moskau teil. Die Polizei überwachte ihn weiter. Um ihn einer neuen Verhaftung – nunmehr im Zeichen der finstersten Reaktion – zu entziehen, beschlossen seine Freunde, ihn in die Vereinigten Staaten zu schicken, wo er dank seiner Berühmtheit und seiner propagandistischen Gaben zugunsten der Partei-Kasse Geld einheimsen sollte. Im Januar 1906 überschritt Gorki die grüne Grenze in Finnland.

## Gorki und der Westen

Weder in Europa noch in den Vereinigten Staaten war Gorki ein Unbekannter. Seit 1899 waren seine Werke in zahlreiche Sprachen übersetzt worden. 1901 erschienen sie in sechs verschiedenen deutschen Verlagen, in Frankreich hatte Melchior de Vogüé dem Schriftsteller eine aufsehenerregende Studie gewidmet. Das *Nachtasyl* war über die meisten europäischen Bühnen gegangen. Gerade als Gorki nach seiner Flucht aus Rußland in Berlin eintraf, wurde das Stück dort gegeben, und zwar vom Moskauer Künstlertheater, das sich auf einer Tournee befand. Auf den Berliner Bühnen spielte außerdem Max Reinhardt das *Nachtasyl* und die *Kinder der Sonne*. In den Schaufenstern der Buchhandlungen waren Werke und Bilder Gorkis ausgestellt. Reinhardt veranstaltete ihm zu Ehren eine öffentliche Sondervorstellung. Als der Schriftsteller auf der Bühne erschien, brachen die Anwesenden – unter ihnen viele politische Emigranten aus Rußland – in Hochrufe aus. Karl Liebknecht, der künftige Tribun des deutschen Kommunismus, sagte zu dem berühmten Schauspieler des Künstlertheaters Katschálow, er solle sich einmal umsehen nach «einem Stück Zoo im Saal»: in einer Parterreloge saßen, von Vorhängen verborgen, die Söhne Kaiser Wilhelms II., darunter auch der Kronprinz.

Von Berlin begab sich Gorki nach Paris. In jenem Frühjahr 1906 verhandelte die russische Regierung – von dem unglückseligen russisch-japanischen Krieg geschwächt und von dem Aufflammen der Revolution erschüttert – mit den westlichen Staaten über eine Anleihe zur Konsolidierung der innenpolitischen Situation. Gorki hatte den Auftrag mitbekommen, die öffentliche Meinung im Westen gegen diese Anleihe aufzubringen. Am 9. April 1906 veröffentlichte die *Humanité* (herausgegeben von Jaurès) seinen Aufruf: *Keinen Pfennig für die russische Regierung!*, wohlwollend unterstützt von der «Gesell-

*«Die Mutter» in sechs verschiedenen Ausgaben*

schaft der Freunde des russischen Volkes», der u. a. Anatole France und Octave Mirbeau angehörten. Die französischen Banken genehmigten jedoch im Einverständnis mit der Regierung die Anleihe, und Gorki, der enttäuscht und empört war, schrieb das beleidigende Pamphlet: *Das schöne Frankreich,* das ihm scharfe Kritik von seiten gewisser französischer Journalisten einbrachte: Vor einem Jahr, als er in der Peter-Pauls-Festung eingekerkert wurde, hatten sie seine Partei ergriffen, und nun beschimpfte er ihr Land! Gorki antwortete mit zwei Briefen, die am 11. Dezember 1906 unter dem Titel *An meine Verleumder* in der *Humanité* erschienen. Einer der Briefe, im Ton gemäßigt und bekümmert, war an Aulard, der andere, verletzend und verächtlich, an Gérault-Richard, René Viviani u. a. gerichtet.

*Mit Freunden bei einer Bootsfahrt im Golf von Neapel*

Inzwischen bemühte sich die zaristische Regierung mit allen Mitteln, die Einreise Gorkis in die Vereinigten Staaten zu verhindern. Der russische Botschafter in Washington versuchte das amerikanische Gesetz, das die Einreise von «Anarchisten» untersagte, auszuspielen; die Einwanderungsbehörde, die zu jener Zeit die Verfassung und die bürgerliche Freiheit respektierte, weigerte sich, Gorki als Anarchisten zu betrachten. Da der Botschafter über die Behörden nichts erreichen konnte, setzte er, mit größerem Erfolg, auf die amerikanische Prüderie. Mit Hilfe einer großen Anzahl von Tageszeitungen, deren Magnat schon damals Hearst hieß, ließ er verbreiten, daß die Frau, die Gorki begleite, nicht seine legitime Gattin sei. Das Paar wurde mehrmals nacheinander aus den verschiedensten Hotels hinausgewiesen, aber das ganze Manöver schlug zu Gorkis Gunsten aus, da er so zu einer enormen Publicity gelangte. Frau Andréjewa und er, auf der Straße, auf ihren Koffern sitzend, umringt von neugierigen Journalisten! Es endete damit, daß beide von einem Ehepaar Martin in Staten Island aufgenommen wurden.

Indessen war Gorkis Mission kompromittiert, ihr Erfolg untergraben. Zweifellos hatte er Freunde, aber die Mehrzahl der amerikanischen Intellektuellen, tugendhaft wie sie waren, zeigten ihm die kalte Schulter. Mark Twain lehnte es ab, einem zu Ehren Gorkis veranstalteten Bankett zu präsidieren. Das Ergebnis der Geldsammlung war nicht bedeutend – etwa 10 000 Dollar.

Dafür war aber der Sommer, den Gorki in den Vereinigten Staaten verbrachte – im Landhaus der Martins in den Adirondacks-Bergen –, eine Periode schöpferischer Fruchtbarkeit. Hier entstand sein eigentlich proletarisches Werk: *Die Mutter* und das Stück *Die Feinde,* ebenso wie eine Reihe politischer Pamphlete von äußerster Schärfe: *In Amerika* und *Meine Interviews.* Gorki entpuppte sich als ein machtvoller, aber brutaler Pamphletist. Die sarkastische Bosheit seiner imaginären Interviews, die den amerikanischen Kapitalismus, den deutschen Militarismus, die Geldgier der französischen Bankiers anprangerten, scheint nicht überboten werden zu können. Aber ob er bissig oder pathetisch auftritt, eines fehlt ihm: die feine Kunst der Ironie.

In der *Mutter* hatte der Schriftsteller sich von tatsächlichen Ereignissen anregen lassen, die sich, wie erwähnt, in den Fabriken von Ssórmowo abgespielt hatten. Er hatte den Helden, den Arbeiter Salómow (im Roman Páwel Wlássow) persönlich gekannt, einen einfachen Mann, der zum Denken erwacht war und sich in den Dienst der Revolution gestellt hatte; er kannte auch dessen Mutter Anna (im Roman Nilówna), eine Frau vom Lande, die weder lesen noch schreiben konnte, der plötzlich die Augen aufgehen und die sich für die gefährliche Aufgabe der Verteilung von Flugblättern zur Verfügung stellt. Bei seiner Rückkehr nach Níshnij hatte Gorki sich aktiv für die Vorbereitung der Verteidigung in dem bevorstehenden Prozeß gegen die Arbeiter eingesetzt.

Der Roman erschien zunächst auf englisch in einer amerikanischen Zeitschrift (1906), dann als Buch, ebenfalls auf englisch, in New York und London, dann erst auf russisch in Berlin. Die westliche Arbeiterpresse griff ihn sofort auf, allen voran die deutsche, dann auch die französische und italienische, und verbreitete ihn in Fortsetzungen oder Beilagen ihrer Tageszeitungen. In Rußland konnte nur der erste Teil stark zusammengestrichen 1907 in der Sammlung *Snánije* erscheinen, wurde aber alsbald wieder unterdrückt. Das regierungsamtliche Pressekomitee beschloß, den Autor zu verfolgen als «Verbreiter eines Werkes, das zu schweren Vergehen reizt, die Feindseligkeit der Arbeiter gegen die besitzenden Klassen schürt und zu Akten der Widersetzlichkeit und Rebellion aufruft».

Wenn auch die vollständige Fassung der *Mutter* erst nach 1917 in Rußland gedruckt werden durfte, so ging sie doch insgeheim in zahllosen Exemplaren der Berliner Ausgabe von Hand zu Hand.

Das Theaterstück *Die Feinde,* in der gleichen Zeit entstanden wie die *Mutter,* war von den gleichen Gefühlen getragen und wurde sofort verboten.

Wohlgemerkt, figurierte der weltberühmte Schriftsteller, der diesseits und jenseits des Atlantik Stürme von Leidenschaften, Liebe und

Haß entfesselte, in den Polizeiakten weiterhin als Alexéj Peschków «Sohn des Maxím, Mitglieds der Malergilde von Níshnij Nówgorod».

Nach seiner Rückkehr aus Amerika nach Europa, im Herbst 1906, muß Gorki sich nach einem sicheren Aufenthaltsort umsehen. Bei dem Aufsehen, das er mit seiner Propaganda gegen die Anleihe für die zaristische Regierung erregt hatte, konnte von einer Rückkehr nach Rußland keine Rede sein. So läßt er sich schließlich im Oktober in Capri nieder. Dort sollte er sieben Jahre bleiben.

Man muß sich die besondere Atmosphäre dieses Wohnsitzes einmal vorstellen. Wenn es auf der Welt zwei Vorstellungen gibt, die sich diametral widersprechen, ja ausschließen, so ist es wohl das Paar «Capri» und «Gorki», das Gegenüber der Zauberinsel, der «Mutter lateinischer Spiele und griechischer Lüste», und des ungeschlachten Sohns der Wolga. Während der sieben Jahre, die Gorki in Capri zubrachte, ebenso wie in den späteren vier Jahren in Sorrent, wie in den drei Jahren in Deutschland, in seinem amerikanischen oder Pariser Sommer, schleppte er immer das ganze Rußland mit sich herum und blieb blind und unerreichbar für die Welt, die ihn umgab. Obwohl er doch einen beträchtlichen Teil seines Lebens im Ausland zubrachte, hat er kein Wort irgendeiner fremden Sprache gelernt. Keine ausländische Landschaft nahm seinen Blick jemals gefangen, keines seiner Werke ist von dem, was er um sich herum sehen konnte, geprägt. Seine kurzen und farblosen *Märchen von Italien* haben nichts Italienisches, es sei denn einige Anhängsel von Lokalkolorit, die man getrost weglassen könnte, und die nicht weniger konventionell sind als seine «weltstädtischen» Beschreibungen von New York. Übrigens hat Gorki selbst im Entwurf eines Vorwortes erklärt, er habe diese Erzählungen, obwohl sie auf reale Vorgänge zurückzuführen seien, «Märchen» genannt, weil das Leben und die Natur Italiens so wenig an Rußland erinnerten. Rußland allein hat für ihn Realität. In Deutschland, in Amerika, in Italien verbreitet er sich immer nur über seinen einzigen Gegenstand, den der besonderen Bestimmung des russischen Menschen, seine einzigartige heimatliche Landschaft zu beschreiben: die ungeheuren, melancholischen Weiten Rußlands, ohne die tyrrhenischen Wogen oder Blauen Grotten auch nur eines Blickes zu würdigen. In Capri verfaßt er eines seiner charakteristischsten Werke: *Das Städtchen Okúrow* (1910), ein aufs Äußerste getriebenes Abbild der spießbürgerlichen Stagnation in der russischen Provinz. Inmitten der Wunder und Lockungen von Capri fühlt er sich grenzenlos verlassen. *«Wenn ein Zahn, der aus dem Kiefer geschlagen wurde, ein Gefühl hätte, würde er sich zweifellos ebenso allein fühlen wie ich»*, schreibt er über seine Isolation. Um so eifriger greift er nach allem, was aus Rußland kommt.

Über seinen Aufenthalt in Capri hat man allerhand böswillige Le-

*Auf Capri, 1910*

genden erfunden. Es war da von dem «goldenen Käfig» die Rede, in dem der proletarische Schriftsteller von seiner Begleiterin gefangengehalten worden sei. Sicher ist, daß Márja Fjódorowna Andréjewa, die reich und großzügig war, sich hingebungsvoll bemühte, den Großen Arbeiter und den Großen Kranken, den sie begleitete, mit allem Komfort zu umgeben. Sie war durchaus keine gewöhnliche Frau. Sie war ehemals Schauspielerin des Künstlertheaters gewesen, hatte dann ihren ersten Mann, einen General, verlassen, um sich revolutionär zu betätigen. Sie war Gorki als Sachkennerin gefolgt, nicht nur als Frau, sondern auch als Kampfgefährtin. Übrigens hatte Gorki selbst damals bedeutende Einkünfte als ein Autor, der in Rußland immer neue Auflagen erlebte, in alle Sprachen übersetzt und auf allen Bühnen gespielt wurde. Obwohl seine Berühmtheit außerordentlich war, hatte er – bescheiden und wenig an seinem Ruhm interessiert – eigentlich keine persönlichen Bedürfnisse. Den Hauptposten in seinen Ausgaben bildete, neben Bücherkäufen, die Unterstützung der Parteikasse und zahlloser Bittsteller. Oftmals griff er ein und schickte Geld, ohne daß man ihn darum gebeten hatte, weil er die verzweifelte Lage seines Briefpartners durch die schamhafte und wortkarge Ausdrucksweise hindurch spürte.

Die Zahl derer, die mit ihm korrespondierten, war praktisch nicht abzuschätzen. Capri wurde zu einem zweiten Jásnaja Poljána, wohin aus ganz Rußland Fragen, Ängste und Hoffnungen der Menschen zusammenströmten. Aber es war eine ganz andere Art von Menschen als jene, die, mit Selbstvervollkommnung befaßt, das Seelenheil bei dem großen abstinenten und vegetarischen Moralisten, bei dem Feind der neuzeitlichen Zivilisation, Tolstói, suchten. Gorki war ein «böser Meister», ein Meister, der die Lebensfreude, die Eroberung der Kulturgüter und den Kampf gegen die Wehleidigkeit predigte.

Tolstói erschien nur hin und wieder für kurze Zeit im Kreise seiner Getreuen, warf ihnen irgendein feines Wort zum Fraß vor, und sie nahmen es bedächtig und zerknirscht auf. Die meiste Zeit aber befand er sich äußerst wohl in der strengen Bewachung, die die Gräfin um ihn herum aufgebaut hatte, um die Arbeit des genialen Schriftstellers gegen mittelmäßige Eindringlinge zu verteidigen – wobei er die ganze Unzufriedenheit der Tolstoianer auf sie abwälzte. Gorki dagegen blieb sein ganzes Leben lang für jedermann erreichbar. Nichts, nicht einmal seine schriftstellerische Arbeit, die er immer nur äußerst bescheiden veranschlagte, schien ihm so wertvoll wie der Kontakt mit der geringsten Menschenseele. Sicher war die Zahl der Besucher in Capri geringer, dennoch waren es, wenn man die riesige Entfernung von Rußland berücksichtigt, außerordentlich viele. Jeder Russe, der nach Italien kam, hielt es für seine Pflicht, diese Pilgerfahrt zu unternehmen, nicht zu reden von denen, die Gorki und Frau Andréjewa auf Tage oder

Monate zu sich einluden: Freunde, Kranke, Ausgehungerte, Hoffnungslose, denen man wieder auf die Beine half, die sich dort einer Kur in Optimismus unterziehen mußten.

Vor allem aber waren da die Briefe, eine ungeheure Korrespondenz, die aus den Tiefen der russischen Provinz heranflutete, ungeschickte Briefe, unwahrscheinliche Adressen: «Schweiz, Insel Cypern, Gorki», die trotzdem ankamen, Beichten, Manuskripte, Fragen ohne Ende. «Er las alle Briefe ernst und aufmerksam und antwortete auf alle.» Er war vielleicht der einzige große Schriftsteller, der darüber wachte, daß kein noch so geringer Mensch verletzt wurde.

## Der Ruf des Glaubens

Seit Gorki die Bühne der Welt betreten hatte, war sein Leben von aufsehenerregenden Ausbrüchen und Demonstrationen, also von Skandalen, begleitet und bezeichnet. Es schmeckt nach der Oberflächlichkeit des Nur-Aktuellen. Aber neben diesen bühnenhaften Wechselfällen verfolgt sein geistiges Leben im Verborgenen seinen eigenen Weg, ganz durchdrungen vom Anruf des Glaubens. Es ist ein unsichtbarer Strom, der aber nie abreißt und sich dann und wann in Wirbeln, die bis zur Oberfläche dringen, erahnen läßt, um eines Tages in den Strudeln einer erschütternden religiösen Krise hervorzubrechen.

Der Ausgangspunkt dieses Gefühls ist der primitive selige Glaube, der dem Kinde von seiner Großmutter eingegeben wurde. Diese Großmutter war eine Analphabetin vom Lande, aber sie besaß die dichterische Gabe der Ausstrahlung. Der Schriftsteller hat ihr die schönsten Seiten seines Meisterwerkes *Kindheit* gewidmet.

Die Großmutter lebte mit Gott in einer vertraulichen Intimität, sie stand *«sehr gut mit ihm»*. Gorki erzählt: *«Großmutters Gott begleitete sie den ganzen Tag hindurch, sie sprach von ihm sogar zu den Tieren.»* Es war der Gott der innerlichen Freude. Ein völlig anderer war *«Großvaters Gott, der gestrenge Richter, der kein Vertrauen zum Menschen hatte, der immer darauf wartete, ihn büßen zu lassen, und sich eine Freude daraus machte, ihn zu züchtigen».*

*«In diesen Tagen»*, sagt Gorki, *«waren die Gedanken und Gefühle, die sich auf Gott bezogen, die vornehmste Nahrung meiner Seele, das schönste, was mir das Leben zu geben hatte ... Gott war das Beste, das Lichteste von allem, was mich umgab, der Gott meiner Großmutter, der zu aller Kreatur so freundlich war ... Die kindliche Unterscheidung der zwei Götter wühlte meine Seele auf und entzweite sie.»* Sehr bald beginnt das Kind die Atmosphäre der Kirche zu lieben. *«Alles, was der Priester und der Diakon sagten, war für Großvaters Gott, aber was der Chor sang,*

*das war für Großmutters Gott.»* In einem Graben, der den Garten durchzieht, richtet der Junge eine Ecke für sich ein und schmückt die Erdwände mit bunten Glassplittern und Geschirrscherben: *«Wenn ein Sonnenstrahl in meinen Graben hineinschaute, funkelte und glitzerte das alles regenbogenartig, wie in der Kirche.»* Denn die Kirche war das schönste, was er in seinem schmutzstarrenden, elenden Leben kannte.

Viel später, 1907, als Gorki Delegierter des V. Kongresses der bolschewistischen Fraktion der Sozialdemokraten in London war, beschrieb er die presbyterianische Kirche, in der die Zusammenkünfte stattfanden, mit Abscheu und Verachtung: *«lächerlich ärmlich, wie der Klassenraum einer Armenschule».*

Mit vierzehn Jahren arbeitet Alexéj bei einem Ikonenhändler, dann auch in dessen Malerwerkstatt. Hier öffnet sich ihm die seltsame Welt der Theologen auf eigene Faust, der Altgläubigen und der Sekten. Er ordnet sie bald als Anhänger des strengen und unerbittlichen Großvater-Gottes ein; aber die Stärke der Überzeugtheit, die diese verfolgten Sektierer auszeichnet, der Strahlenkranz poetischer Wildheit, der sie umgibt, beeindrucken ihn aufs tiefste, mehr als einmal kommt er später darauf zurück und läßt in den Adern seiner Helden das ungezähmte Blut dieser Unerschütterlichen und Unerschrockenen rollen, die sich den amtlichen Autoritäten entgegenstemmen und nie kapitulieren.

Als Dreiundzwanzigjähriger durchwandert Gorki Rußland zu Fuß. Im Kuban-Gebiet wird er zufällig in eine Kosaken-Meuterei verwickelt und festgenommen. Und was findet man im Brotbeutel des Vagabunden? Ein Neues Testament, was, wie er sagt, *«sehr kompromittierend war».*

In dem, was nach außen sichtbar ist, scheinen die religiösen Fragen den jungen Schriftsteller nicht zu bewegen. Nur von Zeit zu Zeit verrät ein Wort das Vorhandensein des unterirdischen Stroms. Im Jahre 1900 schreibt er an Tschéchow: *«Die Menschen sind dumm. Um ihr Leben zu erleichtern, brauchten sie Gott. Aber sie lehnen ihn ab und machen sich lustig über die, die ihn bekennen.»* Dann, nachdem er über Solowjów und d'Annunzio gesprochen hat, kommt er plötzlich auf seinen Gedanken zurück: *«Braucht man Gott denn, was denken Sie darüber, Antón Páwlowitsch?»*

Während seines ersten Besuches bei Tolstói schreibt er, überwältigt von der machtvollen Gestalt dieses Mannes, an den gleichen Tschéchow:

*«Bis jetzt konnte ich mir nicht vorstellen, daß Tolstói Atheist sei, obwohl ich es fühlte, aber als ich ihn von Christus sprechen hörte und seine Augen sah, die für einen Gläubigen zu intelligent sind, da habe ich erfahren, daß er tatsächlich und im tiefsten Grunde Atheist ist. So ist es doch, nicht wahr?»*

*Tolstói und Gorki, 1901*

«*Der alte Zauberer*», wie Gorki ihn nennt, stellt den jungen Schriftsteller seinerseits auf die Probe. Gorki erzählt: «*Plötzlich, wie wenn er mir einen Schlag versetzte, fragte er mich:*

*– Warum glauben Sie nicht an Gott?*

*– Ich habe keinen Glauben, Lew Nikolájewitsch. –*

*– Das ist nicht wahr. Sie werden es bald merken. Sie glauben nicht, weil Sie starrköpfig sind, weil Sie schmollen, daß die Welt nicht so ist, wie Sie sie haben möchten . . . Sie lieben, und Glaube ist intensivierte Liebe . . . Ein Ungläubiger kann nicht lieben . . . Sie sind als Gläubiger geboren, es ist nicht recht von Ihnen, daß Sie sich Gewalt antun.*»

Selbst noch nach dem Jahre 1928, das seinen völligen Anschluß an die ideologische Position der Sowjéts bezeichnet, wird Gorki, um das Höchste zu bezeichnen, immer wieder auf die Kategorien des Göttlichen und Heiligen zurückgreifen. Um die Arbeit zu rühmen, wird er von ihrem «*sozusagen religiösen Sinn*» sprechen, oder er wird seinem Arbeiterpublikum sagen, um die Werke des Menschen zu rühmen: «*Lassen Sie es mich mit einem Wort ausdrücken, das heute in Verruf ist: Ich bringe ihnen heilige Achtung und Verehrung entgegen.*»

Das religiöse Thema ist Gorki lange Zeit hindurch gegenwärtig, ohne Gestalt anzunehmen. So ist es im Schicksal des Helden seines zweiten Romans: *Die Drei* (1901). Iljá Lúnjew, ein unruhiger und gequälter junger Bursche, der das aufrührerische Blut der Altgläubigen in seinen Adern hat, ist erregt von einem undeutlichen Glaubens-

51

gefühl; er liebt die Atmosphäre der Kirche, die er eifrig besucht. Er verliebt sich leidenschaftlich in eine Prostituierte und tötet den alten Wucherer, der sie aushält. (Das Thema und manche Episoden sind mit *Schuld und Sühne* zu vergleichen.) Ohne daß es besonders verdeutlicht würde, ist die Beunruhigung, die ihn dazu treibt, sein Verbrechen zu gestehen, religiösen Charakters.

Die große Krise kommt schließlich zum Ausbruch in der Novelle: *Die Beichte* (1908).

Nachdem er sich einmal in Capri niedergelassen hat und zur Ruhe gekommen ist, sammelt sich Gorki, und die Besorgnisse seines inneren Lebens drängen sich um so stärker auf, als in der fernen Heimat, der sein ganzes Wesen zugewandt ist, das religiöse Denken eine unaufhaltsame Erneuerung erfährt. Der Schock der Revolution von 1905 und die folgende grausame Unterdrückung haben die liberale Intelligenz zutiefst demoralisiert; sie sucht Zuflucht in der Religionsphilosophie und verwirft den Materialismus und die Tat. Es ist die Zeit der «Verinnerlichung» der Revolution, die nunmehr, auf eine geistige Ebene erhoben, zur persönlichen Angelegenheit jedes einzelnen wird.

Die Linken täuschen sich darüber ebensowenig wie die Rechten: Die Aktivisten deuteten dieses neue Glaubensbekenntnis als Verrat der Intelligenz-Elite an der Sache der Revolution, während die Kreise der Reaktion es mit Genugtuung aufnahmen.

Eine gewisse Gruppe, die sich um die Jahrhundertwende unter dem Namen «Gottsucher» gebildet hatte, unternahm den Versuch, Revolution und Religion zu versöhnen. Anfangs war diese Gruppe dem Symbolismus verpflichtet, besonders dem nicht sehr umfangreichen, aber sinnschweren dichterischen Werk des Religionsphilosophen Wladímir Solowjów (den Gorki sehr aufmerksam gelesen hat). Bald jedoch kam es zu einer Spaltung, und die «Radikalen» machten sich an eine neuartige Aufgabe: Sie wollten die Marxismus vergeistigen. So entstand eine Lehre, die nicht mehr darauf aus war, Gott zu «suchen», sondern ihn zu schaffen (wörtlich: zu «bauen»).

Der Unterschied zwischen den beiden Strömungen beruht in der Gottesvorstellung. Die «Sucher» bleiben im ganzen Anhänger des traditionellen Christentums: Ihre Suche richtet sich auf ein «Drittes Testament» – für die «Schaffenden» (Bauenden) existiert Gott noch nicht, vielmehr soll die gemeinschaftliche Anstrengung der Menschheit einen höchst sozialen und sozialistischen Gott aufstellen. Diese Theorie, die ihren reinsten Ausdruck in dem System Bogdánows, eines alten Gefährten Lenins findet, verführte auch einige andere bedeutende Marxisten wie Lunatschárski, Basárow, Pokrówski u. a. Dieser Gruppe gehört Gorkis leidenschaftliche Sympathie.

Er hatte sich von der Bogdánowschen Lehre um so leichter verlocken lassen, als ihm ihr eigentlich philosophischer und politischer

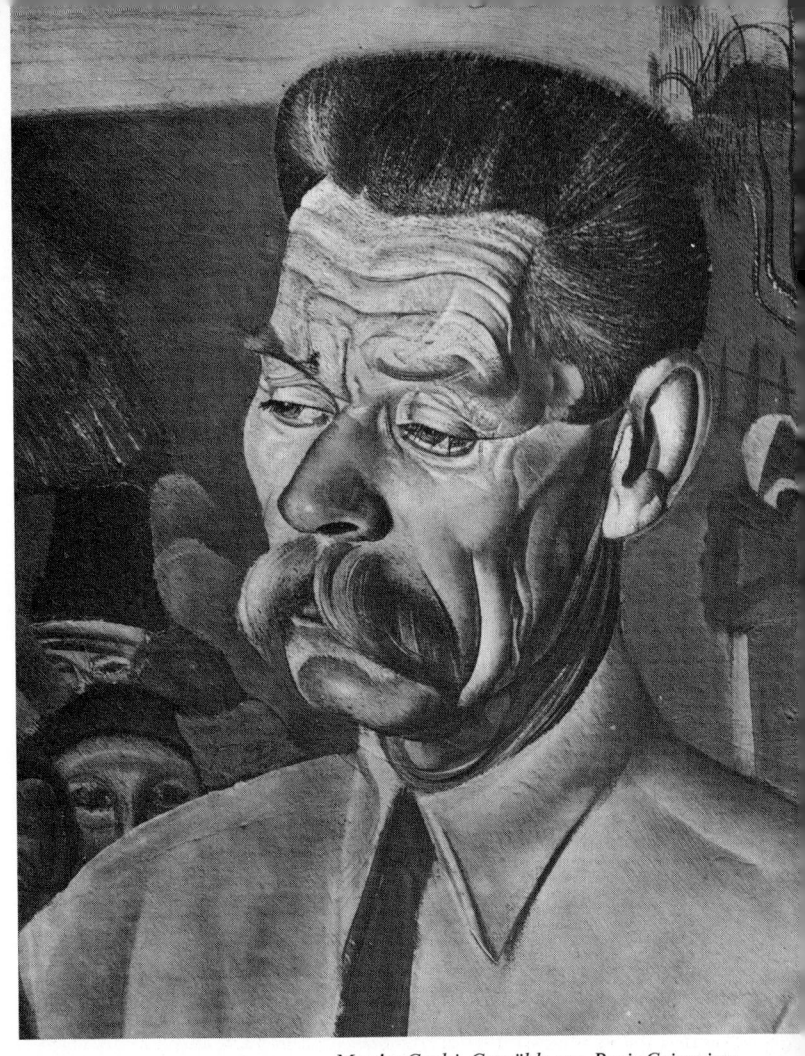

*Maxím Gorki, Gemälde von Boris Grigoriew*

Aspekt entging. Gorki hat nicht aufgehört, zu wiederholen, daß er kein Politiker sei und daß er nichts von philosophischen Spekulationen hielte. Er vermochte deshalb Lenin nicht zu folgen, als dieser die Bogdánowsche Lehre zurückwies – philosophisch als eine von Mach inspirierte «Abweichung» vom Marxismus, und politisch als simplifizierende Methode, die der Leninschen Taktik zuwiderlief.

53

Gorkis Sozialismus kam nie über eine primitive Phase hinaus: Es war Liebe zum Menschen, Vertrauen zum Menschen, eine Menschlichkeit, die seinem Christentum sehr nahestand. Dadurch war er für den sozialen Aspekt des Bogdánowschen Idealismus äußerst empfänglich. Als Autodidakt war er von einer leidenschaftlichen Verehrung für die Vernunft besessen, von ihr allein erwartete er das Heil, und er konnte die fundamentale Formel des Marxismus, daß nämlich «nicht das Bewußtsein der Menschen ihr Sein bestimmt», sondern umgekehrt «ihr soziales Sein ihr Bewußtsein bestimmt», nicht zu der seinen machen. Das spezifisch persönliche Problem Gorkis bestand ja gerade darin, sein «soziales Sein» mit Hilfe des «Bewußtseins» zu überwinden!

Auch Bogdánow, der sich von Marx dadurch distanzierte, daß für ihn «das Soziale vom Bewußtsein nicht trennbar» war, kam damit dem Schriftsteller sehr nahe, ebenso wie in seiner Auffassung vom Fortschritt als «wachsender Fülle und Harmonie von Lernen und Bewußtsein». Dies Bewußtsein stellte sich bei ihm dar als «Organisationsprinzip der gesellschaftlichen Praxis», wobei das Ökonomische nur eine «begrenzte Domäne technischer und ideologischer Prozesse» war. Bogdánow, der ebenfalls einer klassenlosen Gesellschaft zustrebte, war der Meinung, man könne sie herbeiführen, nicht indem man den Arbeitern die Produktionsmittel überantwortete, sondern indem man die Arbeiterklasse mit Hilfe der «proletarischen Kultur» langsam erziehe.

Diese Umerziehung, dieser Übergang vom Ökonomischen zum Ideologischen, entsprach den Vorstellungen Gorkis. Er ging ebenfalls darauf aus, «dem Proletariat eine Erziehung zu geben, die ein zusammenhängendes Ganzes darstellen solle, das unwiderruflich die kollektive Willensbildung und Empfindungsweise bestimmen werde», im Gegensatz zum bürgerlichen Individualismus. Der «unwandelbare Zusammenhang» des Proletariats würde schließlich erlauben, «eine Existenz der Menschheit in homogener und harmonischer Weise herbeizuführen».

Diese Ideen waren leicht für die Popularisierung zugänglich und bezauberten Gorkis ursprünglichen Idealismus. Was er daraus gemacht hat, sehen wir in der *Beichte,* der großen Novelle, die 1908 erschien und vom Verfasser seinem intimen Freunde Schaljápin gewidmet war. Sie ist ein kostbares Dokument über den Kampf, der in der Seele eines Menschen ausgetragen wird, der zugleich Marxist und Christ sein will.

Lassen wir uns also nicht von der etwas monotonen Form dieser Novelle abstoßen: Gorki hatte sie als eine erbauliche Erzählung konzipiert und wollte sie ursprünglich *«Ein Heiligenleben oder etwas derart»* überschreiben. Er läßt hier seiner Neigung zur Gefühlsseligkeit, zu berauschten Naturbeschreibungen und lyrischen Epitheta freien

Lauf. Es ist eine Art von langem Gedicht in Prosa (168 Seiten), in das sich hier und da die *«verfluchte rhythmische Prosa»* einschleicht, die Lieblingssünde des Autors.

Ein Mann erzählt sein Leben. Er ist ein Findelkind, das in *«Brennesseln»* geboren ist, das vom ersten Tage seines Lebens an den Hunger kennen gelernt hat. Es wird aufgenommen von dem Diakon Larion, *«einem einsamen, prachtvollen Menschen»,* einer *«zarten und anmutigen Seele»,* der eine leidenschaftliche Liebe zu aller Kreatur hegt, der die liturgischen Gesänge wie ein Engel singt – und das Kind verbringt mit ihm zauberhafte Tage in der Kirche oder im Walde. (Viele Motive erinnern an die *Kindheit,* die aber erst sechs Jahre später geschrieben ist.) Aber das Leben ist hart, und bald schon stellt das Kind die Frage: *«Weshalb hilft Gott den Menschen so wenig?»*

Von dieser entscheidenden Frage gequält, begibt sich Matwéj auf die Wanderung durch die Welt, um Gott nachzuspüren. Er verbringt drei Jahre im Kloster, bespricht sich mit Einsiedlern und Mönchen, die als heilig gelten, wird Pilger, aber findet keine Antwort auf seine angstvolle Frage. Vor der Qual der Menschen *«zerbricht sein Glaube an die Allmacht Gottes und an die Gerechtigkeit seines Gesetzes»,* bis er eines Tages an einem Waldrand einen kleinen alten Mann trifft, einen innerlich hellen und heiteren Pilger, der «weiß». Durch eines jener «Zeichen», die die Absicht des Autors enthüllen, bekleidet er ihn mit dem Beinamen Jehudilius, seinem eigenen Pseudonym aus seiner ersten Journalistenzeit.

Jehudilius stellt keine Behauptungen auf, er beansprucht nicht, die Wahrheit zu besitzen, er lehrt Matwéj nur, daß Gott noch geschaffen werden muß. Dieser Erschaffung widmen sich die «Erbauer», die nichts anderes als Fabrikarbeiter sind. In die Fabrik also, einen neuartigen Wallfahrtsort, wird Matwéj-Gorki, der Suchende, von Jehudilius-Gorki, dem Wissenden, geführt. Bei den Arbeitern, die sich ihrer Aufgabe bewußt sind, beim Lesen ihrer Bücher, in der Aufnahme ihrer Weisheit wird sich dem Sucher der wahre Weg zu Gott enthüllen. Aber seine neuen Freunde und er selbst werden von der Polizei verfolgt, und nachdem der Sucher zum Erbauer geworden ist, verläßt er die Fabrik, um das Wort in die Massen zu tragen.

*«Das letzte Klopfen der Kelle, jenes, das den Bau des Tempels vollendet»,* empfängt seine Seele durch ein Wunder: Vor einer Klosterpforte liegt ein gelähmtes Mädchen regungslos auf einer Bahre. Da naht die Prozession des vom Glauben entzündeten Volkes. Eingehüllt in die Wirbel der ekstatischen Menge, erhoben von ihrem Hauch, von der geheimnisvollen Macht göttlicher und volkstümlicher Kräfte, steht die Gelähmte auf und beginnt zu gehen.

Dies ist das neue Werk des Autors, der ein Jahr zuvor die *Mutter* geschrieben hatte. Aber man hat vielleicht bei dem erwähnten Roman zuwenig auf gewisse Stellen hingewiesen, in denen der Glaube durchaus nicht abwesend ist. Zwar wird der Roman, in Eile geschrieben, einem bestimmten «sozialen Auftrag» nachkommend, das einzige «proletarische» Werk des Autors bleiben. Indessen vergessen seine Personen, so sehr sie auch mit der unmittelbaren Aktion beschäftigt sind, Gott keineswegs. In einer interessanten Unterhaltung sagt ein Arbeiter dort: *«Christus war nicht hart genug. Er sagte doch: ‹Möge dieser Kelch an mir vorübergehen›, und erkannte den Kaiser an. Gott kann aber nicht die Macht eines Menschen über andere anerkennen, wo Er doch ganz und gar Macht ist! Er teilt seine Seele nicht: Das hier ist für Gott und das da für die Menschen . . .»*

Im Gegensatz dazu gibt es auch unter den *Muster*-Personen ein plötzliches Aufleuchten, eine plötzliche Wärme – etwa als die Mutter Nilowna, nach der Entdeckung einer neuen Menschheit, auch einen neuen Gott entdeckt: *«Es hätte keinen Christus gegeben, wenn nicht Menschen in seinem Namen zugrunde gegangen wären.»*

# Lenin contra Gorki: Der Religionskonflikt

Die «Abweichung» Gorkis brachte Lenin außer sich. Es handelte sich ja um weit mehr als nur um die eine Veröffentlichung einer Novelle. Durch Gorki war Capri die Wiege der Bogdánowschen Dissidenz geworden. Unter der herrschenden Reaktion war in Rußland die Tätigkeit geheimer Zirkel und die Ausbildung von «Kadern» immer schwieriger geworden. So galt das Bemühen der sozialdemokratischen Emigration der Schaffung einer Schule für Revolutionäre und Propagandisten im Ausland, wohin man besonders ausgesuchte Arbeiter aus Rußland kommen ließ. Gorki stellte seine Villa in Capri zu diesem Zweck zur Verfügung.

Bald trafen dort die ersten Schüler, die heimlich aus Rußland entwichen waren, ein. Das Programm der Kurse war umfangreich, den größten Raum nahmen die Darlegungen der bolschewistischen Theoretiker ein. Wir haben noch Notizen Gorkis zu seinen Vorträgen über die Geschichte der russischen Literatur, die er als Wegbereiterin revolutionärer Ideen interpretiert.

Im Sommer 1907 war Lenin nach Capri gekommen, um die Eröffnung der Schule vorzubereiten. Aber als diese ihren Betrieb aufgenommen hatte (im Sommer 1909 waren etwa 20 Schüler dort), und als er «abweichende Tendenzen» dort feststellte, ließ er in seinem *Proletarier* (der in Paris erschien) eine Resolution veröffentlichen, die darauf hinauslief, daß «die bolschewistische Fraktion der Partei die Verantwortung für die Schule in Capri nicht übernehmen» könne. Er selbst

*Seite eines Briefes von Lenin an Gorki*

lehnte es ab, dort Kurse zu leiten, und gründete seine eigene Schule in Longjumeau, indem er einen Teil der Schüler dorthin zog. Die Schule in Capri litt unter inneren Auseinandersetzungen und kam schließlich zum Erliegen. Aber man versteht Lenins Wut. Er war bestimmt dessen sicher, daß Gorki die Schule nie als Instrument zur Spaltung der Partei zu mißbrauchen versucht hätte. Er wußte, daß Gorki zu lauter (und sicher zu naiv) war, als daß man von ihm ein politisches Manöver hätte erwarten können. Aber Lenin war zu scharfsichtig, um die weittragende Wirkung von Gorkis «Abweichung» zu bagatellisieren, um nicht zu begreifen, daß es sich bei Gorki nicht um eine vorübergehende Schwärmerei handelte, sondern um einen wahren, tiefen und unausrottbaren Glauben, um jenen Glauben, den Lenin als verhängnisvoll für die Sache der Revolution ansah. Zugleich wußte er aber auch, wie sehr das Talent des Schriftstellers der Sache der Revolution diente, und er beherrschte sich. «Ich sehe, wie sehr Sie leiden, Alexéj Maxímowitsch» – schrieb er an Gorki – «Sie haben die Arbeiterbewegung und die Sozialdemokratie zuerst unter einem Aspekt, in einer Form und in Manifestationen kennengelernt, die in der Geschichte Rußlands und Westeuropas die Intelligenz mehr als einmal von geringem Glauben zur völligen Verzweiflung an der Arbeiterbewegung und an der Sozialdemokratie geführt haben. Ich bin sicher, daß Ihnen persönlich das nicht widerfahren wird, und ich möchte Ihnen ganz fest die Hand drücken. Dank Ihrem Talent sind Sie der russischen – und nicht nur der russischen – Arbeiterbewegung von außerordentlichem Nutzen gewesen, und Sie werden weiterhin so nützlich sein, daß Sie keinesfalls das Recht haben, sich bis zur Depression gehenzulassen, jener Folge der Kämpfe, die sich (zwischen den Emigranten) außerhalb Rußlands abspielen.»

Dieser Konflikt mit Lenin war für Gorki um so schmerzlicher, als er nach seinem eigenen Bekenntnis *«diesen Menschen mehr geliebt hat als irgendeinen anderen»*. Aber diese beiden Menschen waren getrennt durch ihr Temperament, durch ihre Intelligenz und auch durch ihre Gesamtanlage. Lenin, Abkömmling des Kleinadels, Sohn eines Gymnasialdirektors, Rechtsanwalt, war durch die Art seines Geistes wie durch seine Ausbildung zu systematischen Studien vorbereitet; er war von einer unbeugsamen Logik beherrscht, sobald er die Richtigkeit eines Satzes erkannt hatte; war jedem Zugeständnis, jeder Halbheit verschlossen; war von einem unbestechlichen Materialismus, der jedes Problem, und speziell das konfessionelle, ausschließlich unter politischem und sozialem Blickwinkel betrachtete.

Gorki seinerseits, der Künstler, der Mensch der Emotionen, entstammte dem Schoß des Volkes, einem Milieu von Analphabeten. Einige Monate, die er in einer Parochialschule zugebracht hatte, machten sein ganzes Schülerdasein aus. Er verdankte seine umfangreichen, aber ungeordneten Kenntnisse seiner emsigen Lektüre als Autodidakt. Er hatte aus seinem Wissensdurst ein Ideal gemacht; er hatte der Kultur einen wahren Kult geweiht und trug für immer eine primitive, volkstümliche Religiosität, ein intuitives, aber dadurch um so machtvolleres Christentum in sich.

Lenin verlangte von Gorki Werke «in der Art der *Mutter*». Er untersagte, daß man Gorki belästige, um von ihm zu verlangen, «sich in Zeitungsartikeln zu verzetteln», und er war ihm nur um so mehr böse wegen der «Verzettelung» der Kräfte und der Zeit, die ihn die *Beichte* gekostet hatte. Aber er griff vor allem die Umgebung des Schriftstellers an, die er beschuldigte, «von dem enormen Prestige Gorkis (im ideologischen Sinne) profitieren zu wollen, um seine Schwächlichkeiten festzuhalten und nutzbar zu machen, die gerade das negative Element darstellen in der ungeheuren Summe des Guten, das er dem Proletariat erwiesen hat».

Wenn Lenin sich jedoch zur Zeit der Veröffentlichung dieser Novelle Gorki gegenüber der Mäßigung befleißigte, so brach der Konflikt einige Jahre später mit verstärkter Heftigkeit aus. 1913 veröffentlichte Gorki in einer Moskauer Zeitschrift eine scharfe Abhandlung gegen den «zersetzenden» Geist Dostojéwskis. Seine Haltung wurde von Lenin wärmstens begrüßt. Aber dem Verfasser war ein fataler Satz entschlüpft:

*«Was die Gottsuche angeht, so muß man sie zeitweilig beiseite lassen . . .»*

«Zeitweilig!» In diesem einzigen Wort erkannte Lenin das sichere Zeichen für das, was im Grunde in Gorkis Seele vorging.

«Wie!» – platzte er sofort los – «Sie sind nur ‹zeitweilig› gegen die Gottsuche!! Sie sind also nur gegen die ‹Suche nach Gott›, um sie durch die ‹Schaffung› (Erbauung) Gottes zu ersetzen!! Ist es nicht unerhört, daß sich eine solche Folgerung aus Ihren Artikeln ‹ableiten› ließe? Die Suche nach Gott unterscheidet sich von seiner Erschaffung, seiner Konstruktion, seiner Erfindung nicht anders, als sich ein gelber Teufel von einem blauen Teufel unterscheidet . . .» Und er beschimpfte ihn lange, scharf, unerbittlich, um zu schließen: «Als ich Ihren Artikel untersuchte und feststellen wollte, woher dieser Lapsus bei Ihnen kommt, war ich fassungslos. Was ist das? Der Überrest der *Beichte*, die Sie schließlich selbst verurteilt haben? Ist das der Widerhall davon?»

Es war kein Lapsus, und Lenin wußte das sehr wohl. Ein paar Tage später schreibt er nochmals an Gorki: «In der Frage Gottes, des Göttlichen, und in allem, was damit zusammenhängt, sind Sie im Widerspruch mit sich selber . . . Sie haben damit (d. h. mit den Bogdánowleuten) gebrochen – oder sozusagen gebrochen –, ohne die ideologischen Grundlagen ihrer Lehre durchschaut zu haben. Trotzdem sind Sie jetzt ‹verärgert›, Sie schreiben, daß Sie nicht begreifen können,

*Gorki*

wieso das Wort ‹zeitweilig› sich habe einschleichen können – und gleichzeitig fahren Sie fort, die Idee Gottes und der Schaffung Gottes zu verteidigen.» Und um Gorki zu erklären, daß er letztlich nichts anderes getan habe als «Bäumchen wechsle dich» gespielt, schreibt er: «Man entferne von der Idee Gottes alles, was sie *historisch* und *politisch* enthält (einerseits Teufelei, Superstition, Heiligung der Finsternis und der Verdummung, andererseits Sklaverei und Monarchie), und setze an Stelle der historischen und sozialen Realitäten eine hübsche kleine bürgerliche Phrase – ‹Gott heißt Ideen, die soziale Gefühle wecken und ausbilden›. Von da aus belieben Sie zu sagen ‹das Gute›, belieben Sie auf die ‹gerechte Wahrheit› anzuspielen usw. Dieser gute

*Lenin*

Wille bleibt für Sie persönlich ein subjektiver ‹frommer Wunsch›. Aber von dem Augenblick an, wo Sie ihn schriftlich niedergelegt haben, ist dieses ‹Gute› in die *Massen* gedrungen, und seine Wirkung ist nicht mehr auf Ihren guten Willen beschränkt und durch ihn bestimmt, sondern durch *das Verhältnis der sozialen Kräfte,* durch die objektive Beziehung der Klassen. Ohne Rücksicht auf Ihren Willen also, und unabhängig davon, ob Sie sich dessen bewußt sind oder nicht, *resultiert* aus dieser Beziehung, daß Sie die Idee der Pfaffen, der äußersten Rechten und Nikolaus' II. geschminkt und überzuckert haben, denn *in der Realität hilft Ihnen* die Gottesidee, das Volk in der Sklaverei zu halten. Durch die Beschönigung der Gottesidee haben Sie die Ketten

61

beschönigt, mit denen jene die Mushíks und die unwissenden Arbeiter fesseln.»

Obwohl er der existierenden Kirche völlig abgeschworen hatte – deren Gott für ihn immer der «des Großvaters» war – und obwohl er sich gänzlich der Parteidoktrin angeschlossen hatte, träumte Gorki bis zum letzten Tage noch von einer Synthese des Sozialismus mit dem Glauben: *«Für das Proletariat sind die Zeiten vorüber, wo Glaube und Wissen sich widersprachen wie Lüge und Wahrheit»*, schreibt er in einem Artikel. *«Dort, wo das Proletariat herrscht, wo alles von seinem starken Arm geschaffen ist, ist kein Platz mehr für einen Streit zwischen Wissen und Glauben, denn dort ist der Glaube das Ergebnis dessen, daß der Mensch zur Erkenntnis der Macht seiner Vernunft gekommen ist. Dieser Glaube, der Helden schafft, schafft keine Götter und wird sie nie schaffen»* . . . es sei denn – und hier erscheint der frühere «Gotterbauer» wieder – es sei denn, *«daß Gott nach dem Bilde des Menschen gemacht sei.»*

Gorki erzählt, der Dichter Alexándr Blok habe ihm einmal gesagt, er sei froh, festzustellen, daß der proletarische Schriftsteller in ihm (Gorki) sich nicht einzig von sozialen Problemen auffressen ließe. «Ich habe immer gefühlt» – sagte Blok – «daß das nicht Ihre wahre Wahrheit ist . . . vielmehr sind es die kindischen Fragen, die Sie bewegen, die tiefsten und schrecklichsten.»

*«Blok hatte sich getäuscht»*, fügt Gorki hinzu. Nein, der sehende Dichter hat sich nicht getäuscht. Sein ganzes Leben lang ist Gorki von den großen «kindischen» Fragen beunruhigt worden.


# Der Anti-Dostojéwski

Der erwähnte verräterische Lapsus fand sich in einem *Brief an die Redaktion,* den er im September 1913 in einer weitverbreiteten Moskauer Zeitschrift veröffentlicht hatte, um damit gegen die Absicht des Künstlertheaters zu protestieren, die *Dämonen* auf die Bühne zu bringen. Im Namen der Moral und vor allem der politischen Moral erhob sich Gorki gegen die suggestive Kraft, die das Bühnenbild den morbiden Personen Dostojéwskis verleihen würde, hatte doch die kürzlich im gleichen Theater gegebene Bühnenbearbeitung der *Brüder Karamásow* einen tiefen Eindruck auf die Zuschauer gemacht und dazu beigetragen, die Atmosphäre der allgemeinen Niedergeschlagenheit dieser Jahre kurz vor dem Kriege, in denen sich die russische Gesellschaft ins Leere gleiten ließ, noch zu verstärken. Die Anklagen Gorkis gegen Dostojéwski sind von einem leidenschaftlichen, ja, man könnte sagen, affektgeladenen Charakter. Es ist nicht einfach ein Ausdruck der

*Dostojéwski*

Antipathie oder der Ablehnung, sondern eine Art von «Abrechnung». Gorki kämpft gegen Dostojéwski im Namen dessen, was ihm am heiligsten und teuersten ist. Dabei ist der Schatten jenes «grausamen Genies» überall in Gorkis eigenem Werk anwesend: Er ist von gewissen dostojewskischen Motiven fasziniert und stellt sich darum mit um so größerer Erregung auf den gegenteiligen Standpunkt. Übrigens quält sich die gesamte russische Literatur des endenden 19. und des beginnenden 20. Jahrhunderts in dem höllischen Kreis, den jener Zauberlehrling gezogen hat. Gorki entlehnt ihm gewisse Themen und gewisse Episoden. Aber er simplifiziert sie, entkleidet sie jenes Zauberbannes, jener stimulierenden Morbidität, die die eigentliche Grundlage des dostojewskischen Genies sind.

Die russische Kritik hat recht bald festgestellt, daß Gorki in einer ganzen Reihe von künstlerischen Verfahrensweisen Dostojéwski verpflichtet ist: in der Art, wie er die Ichform des Erzählers einführt, in der Darstellung des Großstadtthemas, in der Darstellung des Innenlebens seiner Personen. Eine ganze Anzahl von Stellen im *Leben eines unnützen Menschen* oder in der *Kleinstadt Okúrow* lassen diesen Einfluß spüren, nicht zu reden von den *Drei,* wo sich, wie erwähnt, der Parallelismus zwischen dem Mord an dem alten Wechsler durch Lúnjew zum Mord an der alten Wucherin durch Raskólnikow aufdrängt.

Aber Gorki rebelliert ständig gegen den Verfasser der *Brüder Karamásow,* obwohl er von ihm besessen ist. Zum erstenmal hatte er die Werke Dostojéwskis um 1880 kennengelernt und sie ein Vierteljahrhundert später, in Capri, noch einmal ganz durchgelesen. Nicht ohne Naivität sagt er darüber: «*Obwohl ich ganz hingerissen bin von ihrer Schönheit, sind mir manche Dinge bei ihm sonderbar geblieben. Lange Zeit habe ich nicht verstehen können, warum der Student Raskólnikow die Alte umgebracht hat, und warum ein Franzose, Paul Bourget, in seinem ‹Le Disciple› das Bedürfnis gehabt hat, den russischen Studenten zu imitieren.*»

Vor einer Reihe von Jahren noch war es für die sowjetische Kritik keine Sünde, die Haßliebe zwischen Gorki und Dostojéwski zu beleuchten; aber nach dem Kriege, in der Periode Schdánows, scheint sie mit allem Nachdruck zur Ordnung gerufen worden zu sein: Auf den großen proletarischen Schriftsteller durfte auch nicht der Schatten eines Verdachtes fallen, er habe irgend etwas zu schaffen mit Dostojéwski, dem verworfenen Feind aus einer gnadenlos verurteilten Klasse, den man aus den sowjetischen Bibliotheken hinausgeworfen hatte. Die Kritiker, darunter auch die Theaterkritiker, wurden aufgefordert, ihren Irrtum zu bekennen, der sie aus Anlaß der Aufführung des *Alten* von Gorki noch im Jahre 1946 hatte behaupten lassen, daß die Hauptperson des Stückes mit «ihrer tiefen Verflechtung von Niedertracht und Größe, von Intellektualismus und Verderbtheit charakteristisch sei für eine karamasowsche Seele».

Immerhin hatte die sowjetische Kritik von 1946 manches interessante Licht auf den soziologischen Aspekt in der Wahl von Helden geworfen, die beiden Schritstellern gemeinsam sind. Beide verherrlichen den deklassierten Menschen. Aber während der Held bei Dostojéwski ein Adeliger ist, ein Beamter oder Grundbesitzer, der herunterkommt, steigt der von Gorki auf: Es ist der deklassierte Bauer oder

Handwerker, der nichts zu verlieren hat. In den Wirbeln des entstehenden Kapitalismus sind beide Opfer. Aber während der Mensch bei Dostojéwski die allgemeine soziale Tragödie durch seine individuelle Tragödie erlebt, hat der Gorkische Mensch alles zu gewinnen, indem er sich in die Kollektivität der aufsteigenden proletarischen Klasse einreiht.

Nach den bis Ende 1953 erschienenen Veröffentlichungen zu urteilen will die offizielle sowjetische Lehre, daß Gorki vom ersten Augenblick an (*Der Kutscher,* 1895) nie einem Einfluß von Dostojéwski erlegen sei, sondern ihn bewußt *parodiert* habe. Das hätte also auch zu gelten für den Mord, den Lúnjew begeht, für den Luká aus dem *Nachtasyl* usw. Die sowjetische Kritik möchte Dostojéwski gern dem Westen zurechnen (oder mindestens der russischen Emigration) und geht dabei so weit, daß sie eine direkte Verbindung zwischen *Schuld und Sühne* und . . . *Monsieur Verdoux* von Charlie Chaplin konstruiert! Gorki hatte ja selbst das Signal dazu gegeben, als er 1933 in einem Brief schrieb: «*Seine* (Dostojéwskis) *Philosophie ist es, wovon sich die heutige Reaktion in ihrer Ausrichtung auf Individualismus und Nihilismus nährt; sie ist es, worauf sich die inneren Feinde der Demokratie stützen. Es ist an der Zeit, den Dostojewskismus auf der ganzen Linie anzugreifen.*» Und weiter: «*Ich würde es mehr begrüßen, wenn die zivilisierte Welt nicht durch Dostojéwski, sondern durch Púschkin vereinigt würde, denn das unermeßliche und universale Genie Púschkins ist ein Genie, das physische Gesundheit atmet und ausströmt.*»

Jedesmal, wenn er die Entwicklung der Literatur aufzeigen wollte, tat er das, indem er Dostojéwski als Gegenbeispiel aufstellte. So stellt er etwa in seinem Bericht für den ersten sowjetischen Schriftstellerkongreß (1934) im Zuge der Brandmarkung des metaphysischen Absoluten, der Entfernung vom Realismus, des sozialen Versagens den «Dostojéwskismus» nicht nur als ein bestimmtes Übel dar, sondern als *«das Grundübel überhaupt».* In einem anderen Text, der einem Literatur-Handbuch für junge Schriftsteller zugedacht ist, warnt er diese besonders vor Dostojéwski, der seinen Helden immer einen Teil von Unbewußtheit ließe, ohne sie auf ihre sozialen Grundbedingungen zurückzuführen. Aber das ist gerade das, was Gorki selbst zu tun unterläßt, und in den wenigen Fällen, wo er sich anstrengt, nicht Menschen, sondern Klassenprodukte darzustellen, leidet er Schiffbruch. So war es mit der schematischen und leblosen Figur des Wlássow in der *Mutter* als proletarischem Typ und mit Klim Ssámgin, einer Marionette an sichtbaren Fäden, als Typ der Intelligenz. Im Gegenteil, wo seine Figuren gelungen sind, wo sie überzeugen, wie die von Konowálow, von Páwel Goremýka, von Fomá und ihren zahlreichen Brüdern, sind sie in eine dichte und erregte Atmosphäre getaucht, die sich jedem Klassen-Determinismus entzieht. Keine der dauerhaften Gestalten

Gorkis ist einfach ein Typ, wenn sie auch neben denen Dostojéwskis mit ihren inneren Spaltungen und Qualen als typisiert erscheinen mögen.

In direkter Abhängigkeit von Dostojéwski befindet sich Gorki bei der Darstellung zweier Menschentypen, die der russischen Literatur besonders teuer sind: der «heiligen Prostituierten» und des «Intelligenzlers».

Mit Ausnahme seiner ersten romantischen Heldinnen wie Isergil oder Malwá, einer Art weiblicher Bossjáks, sind Gorkis Frauen Doppelwesen: Sie sind in ein Leben von Ausschweifungen geworfen und verbergen dabei die Seele von Müttern oder Heiligen. So ist Medýnskaja beschaffen, die Provinzkokotte, die bekennt, nachdem sie mit Fomá Gordéjew ihr Spiel getrieben hat, daß sich ihre Seele angesichts der Unreinheit ihres eigenen Lebens «spalte in Richter und Verbrecherin»: Sie weist den jungen Mann ab, um ihm nichts Böses anzutun. Eine andere Frau von leichten Sitten, die von ihm geliebt wird, weiht ihn in die Liebeskunst ein und verläßt ihn dann angesichts seiner Unverdorbenheit, um seine Existenz nicht zu belasten. Schließlich ist da die rätselhafte Ssáscha, ein Freudenmädchen mit einer schmerzlichen und bezaubernden Stimme, die sich «rein» weiß: *Wage nicht, von meiner Seele zu sprechen!» –* schreit sie Fomá an *– «Sie beachtet dich gar nicht! Ich allein kann von ihr sprechen! . . . Wenn die Stunde kommt, werde ich auch zu denken anfangen . . . Das wird mein Ende sein . . .»*

Vornehm, uninteressiert und tragisch durchschreiten diese Frauen Gorkis Erzählungen und gipfeln in Wéra, der Prostituierten aus den *Drei,* die sich eher verurteilen läßt, als daß sie vor Geschworenen ihre Seele entblößt. Auf allen diesen Gestalten liegt der Widerschein der Ssénja Marmeládowa aus *Schuld und Sühne* oder von Nastássja Filípowna aus dem *Idioten.*

Komplexer ist Gorkis Haltung gegenüber den männlichen Gestalten Dostojéwskis. Er ist von ihrer Subtilität fasziniert und verschmäht sie, er bewundert ihren Intellektualismus und ist doch entschlossen, ihn zu bekämpfen. Um sich für seine schmerzhafte Ergriffenheit zu rächen, zieht er Dostojéwskis Gestalten hinab auf das Niveau des *Spießbürgers* und macht damit ihrem Autor den schwersten Vorwurf, den die russische Wertskala zu bieten hat.

Der Ausdruck *«Spießbürger»* (meschtschánin) ist eines der Schlüsselwörter des russischen Geisteslebens. Seit dem Auftauchen der demokratischen Literatur um die Mitte des 19. Jahrhunderts verwendet ihn jeder literarisch Tätige oder Interessierte, also jeder Intelligenzler, ständig in allen Schattierungen der Verachtung und bezeichnet damit die Philister, die Pedanten, die Selbstzufriedenen, die, die sich um Geistiges nicht kümmern. In seinen *Bemerkungen über den Geist des*

*1914*

*Spießbürgertums* dehnt Gorki die soziale Bedeutung dieses Schimpf-
worts weiter aus, indem er es auf die Intelligenzler anwendet, die den
Anspruch erheben, das Monopol des Geistes zu verwalten. Zwischen
zwei kämpfenden Lagern, sagt er, nämlich dem der großen Herren, die
ihre Macht verteidigen, und dem der Sklaven, die auf ihre Befreiung
hoffen, *«möchten die Spießbürger ein Leben in Ruhe und Schönheit
führen, ohne an diesem Kampf teilzunehmen, und ihre bevorzugte Stellung ist eine friedliche Existenz im Rücken der stärkeren Armee . . . Sie
versuchen ständig, die normale Entwicklung der Klassengegensätze zu
verzögern . . . das Unversöhnliche zu versöhnen . . .»* – was ihnen eine
typisch spießbürgerliche Krankheit eingebracht hat: *«die Schrecken
des Bewußtseins»*, eine andere Form ihrer *«Humanität»*. Zwischen zwei
Lagern hin und her geworfen, *«schämen sich die Spießbürger, nach*

Максимъ Горькій
вернулся въ Россію!

*«Maxim Gorki ist nach Rußland zurückgekehrt!»*
*Russische Karikatur aus dem Jahre 1914*

*rechts zu gehen, und fürchten sich, nach links zu gehen ... Vorerst
verstecken sie sich, so gut es geht, in den dunklen Winkeln des Mystizis-
mus, unter den hübschen Gewölben der Ästhetik ... in den Labyrinthen
der Metaphysik, um schließlich, überflutet von dem Flitterkram eines
jahrhundertealten Betruges, auf die engen Pfade der Religion zurückzukehren ..»*

Der allerverächtlichste Zug der Spießbürger ist ihr Verhalten dem
Volke gegenüber, dessen Leiden sie verherrlichen, um desto besser die
Früchte seiner Arbeit genießen zu können. In einer berühmt geworde-

nen Invektive nimmt es Gorki mit der russischen Literatur auf, die nur ein ewig resignierendes Volk kannte, dem Dostojéwski zurief: «Harre aus!» und Tolstói: «Widersetze dich dem Bösen nicht mit Gewalt!» Und er schließt: *«Das ist verbrecherisch!»*

Gorki wußte sehr wohl, daß der Sturm, den er mit seinen *Bemerkungen* entfesselt hatte, nicht der Tatsache zu verdanken war, daß er den Geist des Spießbürgertums angeklagt hatte, denn in ganz Rußland gab es niemanden, der sich zur Verteidigung bereit gefunden hätte. Aber er hatte sich einer Profanation schuldig gemacht, indem er Tolstói und Dostojéwski als Vertreter dieses Ungeistes bezeichnete! Allerdings wurde ihm da von Lenin aufs entschiedenste sekundiert, der den außerordentlichen sozialen Wert der *Bemerkungen* zu würdigen wußte.

Das Bild komplizierte sich weiter dadurch, daß Gorki hinzufügte, *«das Gewissen»* treibe gewisse Intelligenzler dazu, *«ins Volk zu gehen».* Dann beschränkten sie sich aber darauf, entweder dem Volk das Lesen und Schreiben beizubringen, ohne die revolutionären Folgerungen zu ziehen, oder sie übten sich in tolstoischer *«Selbstvervollkommnung . . . einer erbärmlichen Verkleidungskomödie»* oder sie kämen gar *«zur Revolution, wie englische Sportler von London ans Kaspische Meer fahren, um Wildenten zu schießen»* und seien bereit, *«je nach Lust und Laune»* ihre Ideen zu wechseln.

Nachdem Gorki den Dostojewskischen Menschen auf das Niveau des Spießbürgers herabgezerrt hat, wobei er ihn immer mit dem Intelligenzler gleichsetzt, läßt er dies Thema nicht mehr fallen. Auf die *Bemerkungen* folgt *Die Zersetzung der Persönlichkeit* (1909), wo die gleichen Vorwürfe wiederkehren, vermehrt um eine Invektive gegen die Schriftsteller, die sich zur «art pur» bekennen, gegen ihren Erotismus, gegen ihren Ästhetizismus, gegen ihre «Décadence».

Bei jedem Versuch, den Gorki unternimmt, einen Intelligenzler zu zeichnen, sieht man die Umrisse der Stawrógins und Karamásows durchschimmern. Er erklärt das durch den Mund von Karamora (in der gleichnamigen Erzählung, 1924), einen zum Lockspitzel avancierten Revolutionär. Karamora, der auf seine Hinrichtung wartet, schreibt im Gefängnis seine Beichte: *«Wenn man schreibt»* – heißt es da – *«kommt man sich irgendwie besser, interessanter vor. Das berauscht. So verstehe ich übrigens Dostojéwski: Dieser Schriftsteller hat sich völlig an sich selbst berauscht, am Spiel seiner Phantasie, einem tollen, tumultuarischen, jeder Vernunft baren Spiel, das darin bestand, in sich mehrere Personen zugleich zu empfinden.»*

Die Gestalt des Intelligenzlers hat sicher im Werke Gorkis auch eine gewisse Entwicklung durchgemacht. Am Anfang steht da der Journalist Jeshów (aus *Fomá Gordéjew,* 1898), ein Verkommener, aber ein überzeugter Idealist; am Ende steht Klim Ssámgin als Karikatur einer ganzen Klasse. Vollständig egozentrisch verlieren diese Helden Gorkis immer mehr an Leben und werden schließlich einfach Schemen. Tschéchow hatte ihn allerdings warnend darauf hingewiesen: «In Ihrer Darstellung der Intelligenzler spürt man eine Anstrengung, eine gewisse Ängstlichkeit, nicht etwa, daß Sie wenig beobachtet hätten, nein, Sie kennen sie ganz gewiß, aber Sie wissen nicht, von welcher Seite Sie herangehen sollen.» Diesen Mangel an Sicherheit sollte Gorki den Intelligenzlern gegenüber sein ganzes Leben hindurch behalten. Ein Vierteljahrhundert später bekennt er: *«Ich fühle mich völlig außerstande, Gestalten von Buchmenschen zu zeichnen, mit Kneifern und Brillengläsern, die ein Jackett tragen und sich in abstrakte, buntscheckige und dennoch einförmige Ausdrücke hüllen.»*

Da er sich seiner Schwäche in der Darstellung dieser Klasse bewußt war, hat er, der doch Landstreicher und Menschen aus dem Volke so vollsaftig und lebendig schaffen konnte, sich eine Entschuldigung zurechtgelegt, die zu einem literarischen Mittel erklärt, was eigentlich ein Mangel ist: Diese Personen haben kein Leben, sagt er jetzt, weil ihre Vorbilder ebenso beschaffen sind. *«Ich schreibe gerade»* – erzählt er in einem Brief an Stefan Zweig am 15. März 1925 – *«über jene Menschen in Rußland, die besser als irgend jemand sonst ihr Leben erfinden und sich selbst erfinden . . .»* In der Vorstellung des Autors soll das Wort «erfinden» Klim Ssámgin und seinesgleichen erklären als Menschen, die die Überlegenen, Unverstandenen spielen, dabei aber hoffnungslos leer sind und nichts weiter tun, als sich fremden Geist anzueignen und alles zu verkleinern, was sie anrühren. Vom revolutionären Schwung haben sie nur die Pose und die Phraseologie mitbekommen. *«Ich möchte in Ssámgin einen Intelligenzler ‹mittlerer Preislage› zeichnen»* – erklärt Gorki – *«er durchläuft eine ganze Reihe von Seelenzuständen und sucht dabei nach einem unabhängigen Platz, wo es ihm materiell und innerlich wohlergehen könnte . . . unter der Maske eines ‹Aristokraten des Geistes›. Klim ist ein Revolutionär wider Willen, aus Furcht vor der unvermeidlichen Revolution, aber er fühlt sich als Opfer der Geschichte.»*

Gorki konzipierte *Das Leben des Klim Ssámgin* als ein breitangelegtes historisches Fresko, das die vierzig der Revolution von 1917 vorausgehenden Jahre umfassen sollte. Klim hätte die Krönung seines literarischen Werkes bilden sollen: Man findet zahlreiche Episoden, Gestalten und Berichte wieder, die der Autor im Laufe seiner langen schriftstellerischen Karriere schon einmal festgehalten hatte. Aber sie haben alles Leben verloren, denn sie sind gesehen durch Wesen hindurch, die *«erfunden sind und sich selbst erfinden»*.

Für immer fasziniert von diesen glanzlosen und automatisch komplizierten Helden, hat Gorki ihnen die letzten zwölf Jahre seiner künstlerischen Tätigkeit gewidmet, indem er mit Leidenschaft, Verzweiflung und Unvermögen diese Intelligenzschicht darzustellen versuchte, die er so schmerzlich geliebt hat und die ihn so bitter enttäuschte. Diese Verbundenheit, die die große Tragödie von Gorkis Leben ausmachte, bildete den Hintergrund für seinen zweiten Konflikt mit Lenin.

# Gorki contra Lenin:
# Der Konflikt um die Intelligenzler

Gegen Ende des Jahres 1913 beschließt Gorki – von Lenin ermutigt und von Schaljápin, dem Schützling des Hofes, beruhigt, daß er nichts zu fürchten habe –, die Amnestie aus Anlaß der 300-Jahrfeier der Dynastie Románow zu nutzen, und kehrt nach Rußland zurück. Das gerichtliche Verfahren gegen ihn ist eingestellt, aber die Polizeibehörde ordnet sofort «unermüdliche Überwachung» des Schriftstellers an.

Der Ausbruch des Ersten Weltkrieges bezeichnet gleichzeitig eine Spaltung innerhalb der Sozialdemokratischen und der Sozialrevolutionären Parteien. Die einen, Plechánow, Kropótkin, Deutsch, Wéra Sassúlitsch, erklären sich als Anhänger eines Krieges gegen den deutschen Militarismus: Sie werden als «Sozial-Patrioten» bezeichnet von Lenin, Sinówjew, Buchárin, die ihrerseits den «Defätismus» vorziehen, in der Hoffnung, daß der Niedergang des russischen Reiches schließlich in die Revolution einmünden würde. Gorki ordnet sich als gründlich kriegsfeindliche Natur in die Reihen der Leninisten ein, und zwar mit solchem Nachdruck, daß er nicht zögert, sich von seinem Adoptivsohn Sinówi Peschków loszusagen, der in der französischen Armee am Kampfe teilnimmt.

Unter den drakonischen Bestimmungen der Militärzensur kämpft Gorki, häufig unter Verwendung der *«verdammten anspielenden Sprache des Äsop»* mit aller Heftigkeit gegen die rechte Bourgeoisie, gegen den Kapitalismus, gegen den Kolonialismus («die weiße Gefahr»), gegen den Antisemitismus, kurz, gegen die Unterdrückung in allen ihren Erscheinungsformen. Es gelingt ihm, der Zeitschrift *Létopis* (Die Chronik), die er 1915 begründet, einen defätistischen Charakter zu verleihen. Noch 1914 veröffentlicht er eine erste *Sammlung proletarischer Schriftsteller* (die zweite erscheint 1917), die eine wichtige Etappe auf dem Wege zu einer demokratischen Literatur bedeutet.

Indessen weicht die Generallinie Gorkis doch immer mehr und mehr von den Direktiven Lenins ab. Seine Zweifel, seine Gewissensbisse bringen ihm häufig strenge Ermahnungen von seiten der Partei ein, besonders seine *Unzeitgemäßen Betrachtungen* oder *Zwei Seelen*. Daneben spielen übrigens Bogdánow und die alten Freunde aus Capri auch die ausschlaggebende Rolle in der Redaktion der *Chronik*, was so weit geht, daß sogar Lenin selbst sich ihrer Zensur unterwerfen soll. Dieser hatte unter Umgehung der amtlichen Überwachung der Zeitschrift einen Artikel zukommen lassen, und nun verlangt man von ihm Änderungen! Lenin ist außer sich vor Wut und schreibt in einem Brief: «Mein Manuskript über den Imperialismus ist schließlich in Petersburg angekommen, und da läßt man mich wissen, daß der Chefredakteur (d. h. Gorki! oh, das Kalb!) unzufrieden ist mit meinen Angriffen gegen ... gegen wen meint ihr? ... Kautsky! Er will mir, scheint's, dazu schreiben. Das ist traurig und lächerlich.»

Die Revolution bricht schließlich aus. Aber Gorki ist dem Donnerschlag dieses Oktobergewitters gegenüber argwöhnisch. Er befürchtet die Schrecken des Bürgerkrieges, die Diktatur, den Terror; vor allem ängstigt ihn diese Grundwelle, die aus den Tiefen des Volkes heranbraust. Werden die Sowjets imstande sein, ihrer Herr zu werden? Die Erfahrung der blinden Brutalität der Massen ist zu lebendig in ihm, der Kult der Zivilisationswerte ist ihm zu erhaben, als daß er ungerührt bleiben könnte. Er betrachtet die den Russen zugefallene Ehre, die Welt zu regenerieren, mit Skepsis: Sie seien *«die schwächsten und ungeübtesten Kämpfer, Söhne eines wirtschaftlich und kulturell rückständigen Volkes, ausgezehrt von einer Vergangenheit, die grausamer war als die anderer Völker, sie finden sich plötzlich an der Spitze der Nationen im Endkampf für den Triumph der Gerechtigkeit. Gestern noch betrachtete die Welt sie als Halbwilde, und heute marschieren sie, fast verhungert, wie erprobte Krieger entflammt und mannhaft zum Sieg oder zum Tod.»*

Aber werden sie es schaffen? Werden sie zu siegen verstehen?

Gorki sieht das Heil nur in einem Bündnis der Arbeiterelite mit den intellektuellen Kräften des Landes, d. h. mit der liberalen Intelligenzschicht der Wissenschaftler und Techniker. Die Revolution scheint ihm nur als Folge einer kulturellen Höherentwicklung des Volkes möglich. Daher predigt er die Demokratisierung des Wissens und die Bewahrung der Kulturwerte, *«einen sofortigen, planmäßigen, vielseitigen, beharrlichen kulturellen Aufbau».* Mitten im größten Chaos gründet er die «Freie Vereinigung für Entwicklung und Verbreitung der exakten Wissenschaften», eine «Liga für soziale Erziehung», eine andere: «Kultur und Freiheit» und vor allem die «Kommission zur Bewahrung der Museen, Kunstwerke und historischen Denkmäler». Trotzki sagte: «Gorki hat die Revolution mit der Beunruhigung eines Museumsdirektors betrachtet. Die Soldaten der in Auflösung begriffenen Armee, die Arbeiter, die nicht arbeiteten, waren ihm ein Greuel.»

Unermüdlich tritt er in seiner Tageszeitung *Neues Leben* polemisch gegen die *Prawda* auf, brandmarkt die *«Lynchjustiz»*, das *«Gift der Macht»*, das, wie er sagt, Lenin und seine Gefährten blind gemacht habe, indem es sie veranlasse, den Massen das kostbare Hirn des Landes zu opfern. In einem Artikel schreibt er Weihnachten 1917: *«Das Größte, was die Menschheit geschaffen hat, sind die beiden Symbole, die ihre höchsten Hoffnungen ausdrücken: Christus, die unsterbliche Idee der Liebe und Barmherzigkeit, und Prometheus, der Feind der Götter, der erste, der sich gegen das Schicksal erhoben hat.»*

Lenin seinerseits hatte zunächst gar keine Zeit, sich um die Erziehung und Bildung der Massen zu bekümmern. Aber Gorki geht noch weiter: Er träumt von einer Partei, in der Bolschewiki und Menschewiki vereinigt wären, und erklärt, daß *«es ein fataler Irrtum sei, im ersten Überschwang die Sowjets* (die Arbeiter- und Soldatenräte) *als einziges revolutionäres Machtorgan zu proklamieren».* Im März 1918 verbietet die Sowjetregierung seine Zeitung. Auf den sozialen Wirkungskreis zurückverwiesen, übernimmt Gorki die Leitung der «Kommission für die Verbesserung der Lebensbedingungen der Wissenschaftler». Er startet eine Hilfsaktion für Professoren, Schriftsteller und Techniker, die dem Hunger, der Kälte und der Willkür der politischen Polizei ausgeliefert sind. Er vergißt all seinen Groll und widmet sich leidenschaftlich dem Schutz derer, die in seinen Augen die Kultur verkörpern. Der Schriftsteller Chodasséwitsch gibt uns einen eindrucksvollen Bericht vom Tageslauf Gorkis im Petersburg des Jahres 1920: «Sein Zimmer wurde von morgens bis abends nie leer . . . die Leute kamen wegen aller möglichen Dinge zu ihm, vom ‹Haus der Kunst›, vom ‹Haus der Literatur›, vom ‹Haus der Wissenschaftler›, von der ‹Allgemeinen Literatur›. Es kamen Schriftsteller und Wissenschaftler aus Petersburg und von außerhalb, es kamen Arbeiter und Matrosen, Maler, Spekulanten, ehemalige Kurtisanen, Damen von Welt. Man bat ihn, für Verhaftete zu intervenieren; durch seine Vermittlung bekam man Lebensmittelrationen, Wohngelegenheiten, Kleidungsstücke, Medikamente, Fett, Eisenbahnfahrkarten, Reiseerlaubnisscheine, Tabak, Papier, Tinte, Gebisse für die Greise und Milch für die Neugeborenen, kurz alles, was ohne Beziehungen nicht zu beschaffen war. Gorki hörte jeden einzelnen an und schrieb unzählige Empfehlungsschreiben. Ein einziges Mal habe ich gesehen, wie er eine Bitte ablehnte: diejenige des Clowns Delvari, der von ihm verlangte, er solle der Pate seines neugeborenen Kindes werden . . .»

Gleichzeitig setzte Gorki seine Tätigkeit als technischer und menschlicher Berater junger Schriftsteller fort. Ende 1918 hatte er an der Gründung der ersten Arbeiter- und Bauernuniversität mitgewirkt, und er hielt bald hier, bald da Kurse über die Geschichte der Kultur ab, besonders an der ambulanten proletarischen Universität für die Arbeiter und Matrosen der Roten Flotte.

Als entschiedener Gegner des «Kriegskommunismus» blieb er in Opposition gegen die Sowjetregierung. Das brachte ihm Mißtrauen

*Lenin und Gorki, 1920*

*Aufschrift des Plakates: «Die Bourgeoisie ist der Feind der Kultur». M. Gorki. – «Lüge, Rassismus, Kosmopolitismus, Provokation, Militarismus, Dunkelmännertum, Verleumdung, Faschismus! Das ist der ‹Geist› der heutigen Bourgeoisie, ein ekelhafter, schändlicher Geist.» M. Gorki*

und sogar Feindschaft der Umgebung Lenins, besonders Kámenews und Sinówjews ein. Während der schrecklichen Hungersnot von 1919/1920 hatte es für kurze Zeit den Anschein, als ob der Schriftsteller aus seinem Zustand der Halb-Ungnade herauskommen sollte. Die sowjetische Regierung wollte sich, in der Hoffnung, von den westlichen Ländern unterstützt zu werden, bei den Intellektuellen beliebt machen. Gorki, deren Freund und Beschützer, schien dazu gerade der rechte Bürge zu sein. Unter seiner aktiven Mithilfe wurde also das «Allrussische Hilfskomitee für die Hungerleidenden» gegründet. Es kam ein kurzer liberaler Frühling, aber die Tscheká machte ihm bald ein Ende und steckte fast alle Mitglieder des Komitees ins Gefängnis. Gorki war verzweifelt und beschuldigte Kámenew, er habe ihn eine Spitzel- und Angeberrolle spielen lassen.

Als Ritter der Gerechtigkeit, der unversöhnlich und mit Donnerstimme auftrat, wurde Gorki, den sein Prestige und seine Freundschaft mit Lenin unantastbar machten, schließlich doch zu lästig. Und da seine Gesundheit erneut erschüttert war, bestand Lenin darauf, daß er unbedingt ins Ausland reisen müsse, um sich dort unter Bedingungen pflegen zu lassen, die er im ausgehungerten Rußland nirgends finden konnte. Aber selbst Lenin mußte viel Zeit und Überredung darauf verwenden, um Gorki zur Zustimmung zu bewegen. Schließlich, 1921, ließ Gorki es geschehen. Dieses neue Exil sollte sieben Jahre dauern.

Diese sieben Jahre verbrachte er in halber Opposition zum Sowjetregime, ohne jemals mit ihm zu brechen, ohne es vor der europäischen Öffentlichkeit anzugreifen, immer in der Hoffnung, daß es sich humanisieren würde. Er glaubte sogar, ihm helfen zu können, indem er – vergeblich – versuchte, eine Verbindung zwischen den Sowjets und den emigrierten russischen Schriftstellern zu schaffen.

Im Januar 1924 stirbt Lenin, und Gorki, der dessen Nachfolger äußerst skeptisch betrachtet, kann sich nicht entschließen, nach Rußland zurückzukehren. Er würde gern nach Capri zurückkehren, aber die faschistische Regierung zögert, ihn nach Italien einreisen zu lassen. Schließlich, im Frühjahr, bekommt er die Erlaubnis, zwar nicht in Capri, «wo seine Anwesenheit gewisse politische Leidenschaften erwecken könnte», wie die mussolinischen Behörden meinen, sondern in dem politisch sichereren Sorrent Wohnung zu nehmen. Gorki bleibt vier Jahre und führt auch dort wieder sein einfaches und arbeitsreiches Leben, wie stets. Aber die alte Tragödie beginnt von neuem: Der Schriftsteller wird von Heimweh und Melancholie verzehrt. Das Exil von Capri war für den vierzigjährigen schon hart gewesen, das von Sorrent ist für den, der sich den Sechzig nähert, unerträglich. Dies Exil ist überdies sinnlos: Die Revolution hat stattgefunden. Wir besitzen aus dieser Epoche ein eindrucksvolles Bildnis, auf dem sein Blick von Trauer erfüllt ist.

Die Verhandlungen zwischen ihm – oder vielmehr seiner Umgebung – und den Sowjets reißen nicht ab, und als er schließlich den Entschluß faßt, in die UdSSR zurückzukehren, beschuldigen ihn die Emigranten, er habe «sich dem Teufel verkauft». In einem kurzen Brief *An Europa* (15. August 1928) präzisiert Gorki seine Stellung: «*Ich betrachte mich als Bolschewik seit 1903, aber ich habe niemals irgendeiner Partei angehört ... 1918 habe ich die Bolschewisten bekämpft und mich mit ihnen gestritten; es schien mir, daß sie unfähig seien, die durch den Krieg anarchisch gewordenen Bauern zu beherrschen, und daß sie, im Kampfe mit ihnen, die Arbeiterpartei aufopferten. In der Folge habe ich meinen Irrtum eingesehen, und heute bin ich überzeugt, daß das russische Volk, ungeachtet des Krieges, mit dem die europäischen Regierungen es überziehen, und ungeachtet der wirtschaftlichen Schwierigkeiten, die daraus resultieren, die Schwelle seiner Wiedergeburt überschritten hat.*»

Auch späterhin wird sich Gorki noch manches Mal über diesen Punkt äußern, besonders in seinen Erinnerungen an Lenin (deren wesentlichsten Teil wir am Ende dieses Bandes bringen), aber sein erschütterndstes Bekenntnis ist in einem Brief an den Professor Grúsdjew vom 19. April 1933 enthalten: «*Es hat sich bestätigt, daß der ‹Theoretiker› Lenin die russische Realität unendlich viel besser kannte als ich . . . Es scheint mir, daß die ‹Abweichung› zwischen uns nicht nur in der Weite der Konzeption und in der unerschütterlichen Richtigkeit der Theorie begründet ist, sondern auch in etwas, was die Höhe des Blickpunktes sein könnte. Diese ist nur bei einer seltenen Gabe erreichbar: der Fähigkeit, die Gegenwart von der Zukunft aus zu betrachten.*»

# Der proletarische Schriftsteller

Am 22. Oktober 1927 (während Gorki noch in Sorrent ist) tritt die Kommunistische Akademie, das oberste Organ des sowjetischen Geisteslebens, zu einer Festsitzung aus Anlaß des 35jährigen Autorenjubiläums Gorkis zusammen und eröffnet eine Diskussion über seinen proletarischen Charakter. Die Debatte zielt auf zwei Hauptpunkte ab: den Einfluß, den Gorki auf die sowjetische Literatur ausübt, und die soziale Essenz seines Werkes. Je mehr Redner auftreten, desto deutlicher zeichnet sich folgende Problematik ab: Zwar fordert der Name Gorki unwiderstehlich dazu heraus, ihn als proletarischen Schriftsteller anzuerkennen, doch ist es äußerst schwierig, wenn nicht unmöglich, nachzuweisen, daß er ein solcher tatsächlich sei.

Und wirklich entzieht sich seine Person ebenso wie sein Werk der offiziellen Doktrin, die verlangt, daß ein proletarischer Schriftsteller durch seine Herkunft, seine Themen, seine Helden, seinen Stil und seine Philosophie die Zugehörigkeit zur Arbeiterklasse beweisen muß.

Gorki erfüllt keine dieser Bedingungen ganz.

Seiner Herkunft nach stammt er von kleinbürgerlichen, ländlichen Kunsthandwerkern ab; er selbst war in seiner bewegten Jugend Laufjunge, Lumpensammler, Küchenjunge, Vogelhändler, Verkäufer, Zeichenschüler, Ikonenmaler, Schiffsentlader, Bäckergeselle, Maurer, Nachtwächter, Eisenbahner, Rechtsanwaltsgehilfe, Journalist und schließlich Literat, aber niemals Industriearbeiter.

Seine Themen brachten keine Bilder der Fabrik. Er, der mit so vielen Arbeitern in Verbindung stand, kannte das Leben in der Fabrik nicht; selbst in der *Mutter* spielt sich die Handlung außerhalb der Werkräume ab. Die Helden dieses Werkes oder auch die der *Feinde,* von andern nicht zu reden, sind niemals echte Arbeiter, sie gehören eher einer präproletarischen Menschenart an, die aus entwurzelten Bauern besteht, Bauern, die sich noch nicht ins Arbeitsleben der Industriewerke eingegliedert haben. Gorki hat dazu beigetragen, diese Menschenart und ihr Verhalten zu definieren, und zwar durch den Aus-

*Gorki wird bei seiner Rückkehr nach Moskau (1928) begeistert empfangen*

druck «Okurowismus» – nach seiner *Kleinstadt Okúrow*, deren Personen dieser «Übergangsperiode» angehören. Die einzige Klasse, die diesen Namen verdient, und deren Schilderung sich Gorki angelegen sein ließ, ist die der bürgerlichen Intelligenz, die wahrlich nichts Proletarisches an sich hat.

Was seinen Stil betrifft, so hängt er von der großen nationalen Tradition des Landes ab, dem Realismus, der bei ihm so weit geht, daß sein Werk im ganzen als eine in Romane übersetzte Reportage erscheint, wobei das autobiographische Moment vorherrscht; aber dieser Realismus ist zudem noch durch Romantik überhöht.

Zu guter Letzt ist die einzige Philosophie, die Gorki jemals zu formulieren unternommen hat, sei es auch in wenig zusammenhängender Form, die der «Gotteserschaffung» – eine notorische «Abweichung»! Der eigentlich gorkische Held ist ein Mensch ohne feste Bindungen, er hat eine schweifende Seele und ist auf der Suche nach der Wahrheit, möge sie nun Gott oder Gerechtigkeit heißen. So heftig auch seine soziale Auflehnung sein mag, sie enthält immer einen Grundbestandteil volkstümlicher Religiosität oder mindestens ein Grundelement von Moral, sogar bei Wlássow, dem beispielhaften Proletarier aus der *Mutter,* der seinen Richtern – also seinen Klassenfeinden – erklärt, daß er sie zutiefst bedaure, da sie durch seine Verurteilung ein Verbrechen gegen die Moral begingen!

Nach Anhörung der verschiedenen Referate kam die Kommunistische Akademie zu der Feststellung, daß trotz der offensichtlichen Gegensätze zwischen der Doktrin und Gorkis Werk die Arbeiter ihn als den *Ihren* empfängen.

Einige Monate nach dieser Diskussion kehrte Gorki in die UdSSR zurück. Er wurde triumphal empfangen und anstandslos zum proletarischen Schriftsteller und Schöpfer der Sowjetliteratur geweiht. Das ganze Land feierte seinen 60. Geburtstag. Die Regierung zeichnete ihn mit dem Lenin-Orden aus, ernannte ihn zum Mitglied des Zentralen Exekutiv-Komitees und zum Mitglied der Lenin-Akademie; seine Heimatstadt Níshnij Nówgorod wurde in Gorki umbenannt. In der Folge legten sich zahlreiche Klubs, Schulen, Fabriken und Theater den Namen Gorki bei, darunter auch das Moskauer Künstlertheater, das einst seine ersten Stücke auf die Bühne gebracht hatte. Schließlich mußte – höchster Ausdruck der Heiligsprechung – auch das Moskauer Institut für Literatur seinen Namen annehmen. Seitdem war eine Diskussion wie die, die sich in der Kommunistischen Akademie abgespielt hatte, nicht mehr möglich. Zweifellos auf Betreiben Stalins trat Gorkis Ruhm in eine sozusagen totalitäre Phase ein.

Indessen schuf der Mann, der in sein siebentes Jahrzehnt eintrat, in den acht Jahren, die ihm noch zu wirken verblieben, nichts, was die früheren Kennzeichen seines Werkes modifiziert hätte. Als Romancier bleibt er denselben Themen verbunden und fährt fort, im *Leben des Klim Ssámgin* (1924–1936) Intelligenzler zu zeichnen; als Dramaturg, im *Jegór Bulytschów* (1931), *Dostigájew und die andern* (1933), oder in den neuen Fassungen seiner alten Stücke (*Wássa Shelesnówa; Der Alte* usw.) läßt er die gleichen Helden spielen, große und kleine verkommene Bürger, die sich in den vertrauten Situationen abmühen. Als Journalist behandelt er weiter die alten Themen, und seine Polemik gegen Westeuropa, Amerika, die Bourgeoisie und den Kapitalismus, wie verletzend sie auch sein mag, überschreitet doch nie mehr die Brutalität seiner ersten Pamphlete aus dem Jahre 1906.

Schließlich bleibt Gorki auch in seiner pädagogischen und sozialen Tätigkeit den gleichen erzieherischen Zielen verpflichtet. Aber seine Möglichkeiten auf diesem Gebiete waren nunmehr unbegrenzt.

Wenn Gorki selbst also auch nichts wirklich Neues mehr schafft, so erfährt doch sein Werk nun eine neue Interpretation, die es der offiziellen Doktrin immer mehr angleicht. Es ist als «klassisch» heiliggesprochen, und nun entsteht eine ganze Gorki-Literatur, Monographien und Studien, die sich zur Aufgabe machen, einerseits die zahlreichen «Abweichungen» des Schriftstellers zu bagatellisieren, andererseits «Übereinstimmungen» zwischen seinem Werk und den Heiligen Schriften des Marxismus nachzuweisen. So kann man nun nicht nur nicht mehr sagen, daß *Klim Ssámgin* ein völliger Fehlgriff sei, was vor 1928 nicht selten geäußert wurde, dieser Roman hat sogar das «ideologische Wachstum Gorkis» zu beweisen, als Zeugnis dafür, daß sich der Schriftsteller die Ratschläge Lenins und Stalins nutzbringend zu eigen gemacht habe.

Lenin seinerseits hatte sich nicht mehr um literarische Theorien bekümmert, seit er zu Anfang des Jahrhunderts eine «Parteiliteratur» proklamiert und gefordert hatte. Er brauchte Brennstoff, Texte, die geeignet wären «zur Heranbildung des Bewußtseins der Arbeiter», Texte, die wachrüttelten, ergriffen, zur Tat antrieben. Gorki dachte genauso. Als er von einigen Arbeitern befragt wurde, antwortete er: «*Mich persönlich interessieren die Diskussionen der Kritiker gar nicht, die da versuchen, herauszubekommen, ob ich ein ‹proletarischer› Schriftsteller bin oder nicht. In der Masse der Glückwünsche, die ich zu meinem 60. Geburtstag aus allen Teilen der Union bekommen habe, nennen mich die Arbeiter durch die Bank ‹unser›, ‹Proletarier› und ‹Kamerad› (towárischtsch). Es versteht sich von selbst, daß die Stimme der Arbeiter für mich gewichtiger ist als die der Kritiker.*»

Und er gibt seine eigene Definition, die nichts mit den «objektiven Indizien» der Staatsdoktrin zu tun hat. Für Gorki ist ein Schriftsteller Proletarier, wenn er «*alles, was den Menschen von innen und von außen unterdrückt, alles, was ihn hindert, seine Fähigkeiten frei zu entfalten*», haßt; wenn er den Menschen als «*Quelle der schöpferischen Kraft,*

*Gorki mit ausländischen Schriftstellern, darunter J. R. Becher (rechts hinter Gorki), 1931*

*Erzeuger aller schönen Dinge, aller Wunder auf der Erde»* verehrt; wenn er *«die kollektive Arbeit, die neue Lebensformen zum Ziel hat»*, besingt; wenn er in der Frau *«nicht nur eine Quelle physischer Freuden, sondern eine treue Kameradin und eine kostbare Hilfe in dem schwierigen Werk der Lebensgestaltung»* sieht, und in den Kindern *«Wesen, denen gegenüber wir für alle unsere Handlungen verantwortlich sind»*. Kurz gesagt, ein Schriftsteller ist «Proletarier», wenn er seinen Leser «aktiviert», wenn er ihn in den Kampf hineinzieht und ihn die Großartigkeit des Kampfes wahrnehmen läßt.

Vor dieser Definition verflüchtigen sich die Probleme der «Herkunft», der «Themen», der «Philosophie», und der fruchtlose Streit um den «sozialistischen Realismus» verliert jeden Reiz.

Tatsächlich ist der sozialistische Realismus, wie auch seine immer wieder neuen Definitionen lauten mögen, kaum Gorkis Sache. Wenn sein Realismus, der auf die große nationale Tradition zurückgeht, einen sozialen Effekt hat, so verdankt er ihn paradoxerweise der Romantik, mit der er überall durchsetzt ist!

Die wichtigste Forderung des sozialistischen Realismus ist die nach dem «positiven Helden» – Gorki spricht mit Wärme davon zu den Jungen, aber kann selbst nur vagabundierende Schwarmgeister oder verkommene Intelligenzler zeichnen. Keiner seiner «guten» Proletarier ist gelungen. Das Verständnis Gorkis für seine Menschen ist unbegrenzt, er liebt sie so, wie sie sind, mit ihren Fehlern und Schwächen. *«Wenn es auf der Welt etwas Großes und Heiliges gibt, so ist es sicher der Mensch auf dem Wege seines fortschreitenden Wachstums, und er ist nicht weniger kostbar, wenn er mir unsympathisch ist!»* Er hatte sich einmal vorgenommen, *«ein Buch über die Russen, wie sie waren»*, zu schreiben, aber er gab es auf. *«Im Grunde»*, bekennt er, *«bin ich nicht so sicher, ob ich wünschen soll, daß die Menschen sich ändern.»* Was sich ändern muß, sind die gräßlichen Umstände, unter denen sie leben müssen. Deshalb ist der «negative Held» Gorkis, wo er auch steht und was er auch tut in seiner schillernden Vielfalt, in seiner Aufgewühltheit und Widersprüchlichkeit immer ein Werkzeug zur Zerstörung der alten Welt, ein revolutionärer Sprengstoff. – «Wo ist denn das Kampfzeichen der Auflehnung im *Nachtasyl?*» wird Gorki von einer Gruppe von Rotgardisten gefragt. *«In der Würdigung des Menschen durch Ssátin»*, antwortet er. Denn Ssátin ruft vor dem Hintergrund der tiefsten Erniedrigung im *Nachtasyl* aus: *«Der Mensch, wie klingt das stolz!»*

Dieses Motiv, fast möchte man sagen: dieses Motto, begegnet in Gorkis Werk immer wieder, er übersetzt es in leicht faßliche Symbole, an denen die Massen sich berauschen. Daher der unerhörte Erfolg seiner Gedichte in Prosa: der Mensch als Schöpfer, als Herrscher der Natur; das aus der Brust gerissene flammende Herz, das als Fackel dient auf den Wegen der Zukunft; der Falke, der den Kampf aufnimmt gegen die knechtischen Mächte, die durch die Schlange verkörpert sind, und schließlich sein warmes, stolzes Blut verströmt; schließlich der Sturmvogel, der *«Prophet des Unwetters»*, und die Wogen, die *«der Tapfren Wahnsinn»* singen.

Der gorkische Mensch, schwach und voller Fehler, aber verzehrt von geistigem Durst und in all seinem Elend vertraut mit den Strahlen der höchsten Freude, dieser Mensch ist der ewige Held der russischen Literatur. Ohne Zweifel hat er auch dieses Aufsehen verursacht, das den Westen erschütterte, als, gegen Ende des 19. Jahrhunderts die russische Literatur dort ihren Einzug hielt. Mitten in die fortschrittsgläubige und positivistische Euphorie eines durch und durch «vernünftigen» Zeitalters stellte Rußland wieder einmal die ewige Beunruhigung der Kreatur hinein. Gorki nahm dies Thema wieder auf, vereinfachte es, dank seiner eigenen Begrenztheit, und trug es so unter ein neues Publikum, das zwar von Kunst nichts verstand, aber nach Menschlichem hungerte. *«Die russische Kunst»*, sagte Gorki, *«ist vor allem eine Kunst des Herzens.»* Zweifellos ist dies der Grund, weshalb seine Werke, neben zahlreichen linientreuen, immer noch den Rekord in der Auflageziffer und in den Bühnenaufführungen halten. Sie erlauben dem Arbeiter, einer mechanisierten Literatur zu entkommen und sich zur Menschlichkeit zu erheben, in jenem Sinne, wie der große Schweizer Gräzist André Bonnard das Wort gebraucht, wenn er von einem «humanisme soviétique» spricht, als: «frenetischem Drang nach Wissen und Verstehen» und Einstellung zur Literatur als «Wissenschaft vom Menschen und Erziehung des Menschen».

## Der Mensch und der Meister

Als Gorki 1921 für sieben Jahre ins Ausland ging, hatte er ein Land verlassen, dessen Trümmer noch rauchten und das gerade daranging, seine von Krieg, Hunger und Bürgerkrieg erlittenen Wunden zu verbinden. Aber innerhalb von zehn Jahren war ein ungeheurer Wiederaufbau vollzogen. Gorki reist in allen Richtungen durch die Union, schaut sich um, erkundigt sich. Dieser Mann, der in Bergwerken und auf Ölfeldern gearbeitet hatte, ist erstaunt über die neuen Bergmannssiedlungen, Kindergärten, Schulen, über die Lebensbedingungen der Arbeiter, denen Hygiene und erträgliche Wohnverhältnisse keine fremden Vorstellungen mehr sind. Dieser Mann, der die Anstrengungen der physischen Arbeit kannte, sieht nun die Maschine in ihrer sozialen Rolle als Hilfsmittel und Bundesgenosse des Arbeiters. Wie sollte der Enkel eines Wolgatreidlers nicht tief bewegt sein beim Anblick des riesigen Kraftwerkes Dnjeprostrój? Wie sollte der ehemalige Bäckergeselle nicht weinen beim Anblick der vollmechanisierten Brotfabrik in Leningrad? Alles ist hier weiß, ordentlich, durchlüftet. Und er sagt zu den gutaufgelegten Bäckern:

«Zu meiner Zeit haben wir 18–20 Stunden am Tage gearbeitet.»

«Wir arbeiten nur sieben Stunden», antworten sie ihm.

Vielleicht klingt in diesem Augenblick in seiner Erinnerung eine der besten Episoden auf, die er geschrieben hat, der Anfang von *Sechsundzwanzig und eine*: *«Wir waren sechsundzwanzig Männer, sechsundzwanzig lebende Maschinen, eingeschlossen in einem Kellerraum, wo wir von morgens bis abends Teig kneteten . . . Die Fenster stießen an einen Graben . . . Das Sonnenlicht erreichte uns nicht . . . Wir lebten in der Enge, erstickend in der steinernen Kiste, unter der tiefen und schweren Decke, bedeckt mit Schweiß und Spinnweben. Wir lebten niedergedrückt und angeekelt zwischen diesen von Schmutz und Schimmelflecken bedeckten dicken Wänden . . .»*

Und es ist sicher aufrichtig und aus vollem Herzen, was er in das Gästebuch einschreibt: *«Diese Fabrik ist das wunderbarste, was ich in Leningrad gesehen habe. Nichts zeugt mit solcher Beredsamkeit von der Revolution, die sich im täglichen Leben vollzogen hat.»*

Man muß das Werk Gorkis lesen, um zu verstehen, wie unvermeidlich die Revolution war und weshalb sie, die von so weit und so tief unten her kam, so grausame Formen annehmen mußte.

Immer wieder vergleicht er. Das, was ist, bekommt seinen Sinn erst durch sein Verhältnis zu dem, was war.

Auf einer Festsitzung des Sowjets von Bakú sagte er: *«Die Jüngeren haben es vielleicht nicht gerne, daß ich so oft auf die Vergangenheit zurückkomme. Ich tue das bewußt. Es scheint mir, daß die Jugend diese Vergangenheit nicht genügend kennt, daß sie sich nicht klar genug das gequälte und heroische Leben ihrer Väter vorzustellen vermag, die Bedingungen, unter denen diese Väter arbeiteten bis zu dem Tage, da ihre organisierte Willenskraft das alte Regime stürzte und zerstörte. Ich weiß, daß meine Erinnerung mit ‹altem Zeug› überladen ist, aber ich kann nichts davon vergessen, und ich meine auch nicht, daß man vergessen soll . . .»*

Wenn er auf sich selbst zurückkommt, so nicht, weil seine persönliche Vergangenheit ihn beschäftigt: *«Ich spreche zu oft von mir? Das stimmt. Aber wie soll man anders? Ich bin der Zeuge des Kampfes des Vergangenen mit dem Neuen. Ich erhebe Anklage vor dem Tribunal der Geschichte, vor der arbeitenden Jugend, die die vermaledeite Vergangenheit zu wenig kennt, was sie hindert, die Gegenwart genügend zu würdigen, die sie ebenfalls zu wenig kennt.»*

Maxím Gorki ist nichts, wichtig ist der «Fall Maxím Gorki», und dieser ist kein Ausnahmefall, da er dem von Millionen kleiner Jungen gleicht, die von ihrem Großvater streng gezüchtigt wurden. Und dabei war dieser Großvater kein schlechter Kerl. Er wußte nur nicht, daß seine Grausamkeit ein Ventil war für die ungeheure und machtlose Wut des Volkes, die noch nicht wußte, wo und wen man schlagen sollte.

*«Wenn ich Kritiker wäre und über Maxím Gorki zu schreiben hätte, würde ich sagen: Die Kraft, die ihn zu dem gemacht hat, was er ist, wie er jetzt vor euch steht als der Schriftsteller, den ihr liebt und so begeistert schätzt, gut, diese Kraft, würde ich sagen, kommt daher, daß er als erster in der russischen Literatur und vielleicht überhaupt als der erste unmittelbar und durch sich selbst den ungeheuren Wert der Arbeit, der Arbeit, die da schafft, was es in der Welt an Schönem, Großem und Kostbarem gibt, begriffen hat.»*

Der Sinn der Revolution, der Sinn der Machtergreifung durch die Sowjets liegt für Gorki in der Hebung des Menschen. Die Emigranten beschuldigen ihn, er habe sich des Ruhmes wegen verkauft, oder eines

*Im Kreise russischer Schulkinder, 1928*

Wahnbildes wegen. Nein! *«Die Verfasser anonymer Briefe»*, antwortet er, *«möchten wissen, warum ich die Anschuldigungen, die ich 1917 gegen die Sowjets erhob, nicht wiederhole? Ich werde antworten! 1917 täuschte ich mich in meiner Furcht, daß die Diktatur des Proletariats zur Auflösung und Vernichtung der einzigen wahrhaft revolutionären Kraft, die wir damals besaßen, führen könnte: der bolschewistischen, politisch geschulten Arbeiter. Diese Vernichtung hätte auf lange Zeit hinaus auch die Idee der sozialen Revolution selbst kompromittiert ... Ich schmeichle der Arbeiter- und Bauernmacht nicht, sondern ich bewundere ihr Werk und ihre Fähigkeit, Begeisterung für die schöpferische Arbeit zu wecken, aufrichtig.»*

Er widmet sich von nun an an diesem Werk der «Erweckung», der Nachwuchserziehung im sozialen wie im literarischen Bereich. Auch hier führt er nur fort, was er schon immer mit Leidenschaft betrieben hatte. Mehr als alle offiziellen Heiligenscheine verdient Gorki den Namen eines «Meisters» in direktem und übertragenem Sinn. Es ist schwierig, unter Literaten einen Mann zu finden, der so bewußt, so glühend sein Wissen, seine Zeit, seine Erfahrung mit den Jüngeren geteilt hätte. Das Wunder dieses Mannes, sagt einer seiner «Jünger», war «seine Zartheit, seine Worte, die überhaupt nicht zu vergleichen waren mit der Antwort eines berühmten Schriftstellers an einen Anfänger, und das, was Gorki in seinem Herzen immer und immer wieder für unzählige Menschen fand».

Gorkis Herz! Tolstói hatte es begriffen, als er zu dem damals noch jungen Schriftsteller sagte: «Sie sind lächerlich. Seien Sie mir nicht böse, sehr, sehr lächerlich! Und sonderbar, wenn Sie das Recht hätten, böse zu sein, sind Sie gut ... Ich verstehe Ihre Intelligenz nicht, sie ist wirr, aber Sie haben ein intelligentes Herz ...»

Die Schwierigkeiten der literarischen Anfänger hatten Gorki schon immer bewegt. 1911 veröffentlichte er einen interessanten Artikel: *Schriftsteller-Autodidakten,* worin er die Ergebnisse einer genauen Untersuchung von mehr als 400 Manuskripten, die ihm in Capri von Autoren aus dem Volke zugegangen waren, darlegt. Gorki hatte sie aufmerksam gelesen, mit Anmerkungen versehen und klassifiziert. Unter den Autoren waren die Arbeiter in der Überzahl: 114; dann kamen die Bauern: 67; der Rest war bunt zusammengewürfelt: 9 Schuhmacher, 6 Hausmeister, 5 Soldaten, 4 Schneider, 4 ehemalige Zuchthäusler, 3 Damenschneider, 3 Dienstmädchen, 2 Prostituierte, 1 Weißnäherin, 1 Friedhofswächter, 1 Polizeiagent, usw. Unter 429 Manuskripten waren nur 67 Erzählungen und 6 Theaterstücke der Revolution geweiht: Die meisten Autoren sprachen von ihr nicht in Prosa, sondern in Versen.

1914 macht Gorki einen großen Schritt vorwärts, indem er die Redaktion der ersten *Sammlung proletarischer Schriftsteller* übernimmt. In seinem Vorwort hierzu kennzeichnete er die technische Schwäche der Autoren und rief sie, nicht zufrieden mit dem Appell an die schöpferische Kraft der Arbeiter, auf, das Handwerk des Schriftstellers zu lernen, sich nicht von der Hoffnung verleiten zu lassen, man könne eine neue proletarische Literatur schaffen, ohne das Handwerk zu kennen. Studiert! Das war der Rat, den er den Jüngeren unermüdlich wiederholte.

Während seines zweiten Exils, in Sorrent, nimmt er die Praxis von Capri wieder auf. 1927 legt er in seinen *Bemerkungen eines Lesers* Rechenschaft ab über 200 Bücher junger sowjetischer Autoren, die er zu verstehen und zu leiten sucht. Mit der Rückkehr nach Rußland stürzt er sich sofort in diesen literarischen Strom, der ständig ansteigt, liest Manuskripte, schreibt Vorreden, korrigiert, erklärt, diskutiert Zeile für Zeile, schreibt, da er nicht jedem einzelnen antworten kann, kollektive Briefe an die verschiedensten Gruppen: an junge Autoren, an Erwachsenenschulen, Arbeiter- und Bauernkorrespondenten, Redaktionen, Leservereinigungen, Pädagogen (über Kinderlektüre, die ihn lebhaft interessiert), an literarische Arbeitsgemeinschaften und dramatische Zirkel, die den Arbeiterklubhäusern angeschlossen sind, an Setzer, Eisenbahner, Rotgardisten usw. Außerdem verfaßt er Artikel, hält Konferenzen ab, schreibt Broschüren. Die berühmteste *Wie ich schreiben gelernt habe* (1928) will den Anfängern Gelegenheit geben, seine Erfahrungen zu nutzen, um sie vor Zerstreuung und unnützem Experimentieren zu bewahren.

Eine unermeßliche tagtägliche Besorgtheit, die sich unermüdlich auch des Geringsten annimmt und nichts für unwichtig erachtet, das ist der Charakter von Gorkis Arbeit in seinen letzten Lebensjahren. Wir erleben eine der edelmütigsten Unternehmungen, die die Literaturgeschichte kennt, eine Unternehmung, die schließlich gekrönt wird durch die Gründung der *Literarischen Lehre,* einer Zeitschrift, die sich vornimmt, «junge Autoren im Alphabet der Literatur, im Handwerk, in der Arbeit am Wort durch das Wort zu unterrichten ...», und schließlich in der Gründung eines Literatur-Instituts, das mit Recht den Namen «Gorki-Institut» erhielt.

In der Erfüllung dieses gewaltigen Werkes gelangt Gorki bis zur wirklichen Größe. Man begreift, daß Tschéchow früher schon sagen konnte: «Ich glaube, daß eine Zeit kommen wird, wo das Werk Gorkis vergessen ist, aber es ist zweifelhaft, ob man auch in tausend Jahren den Menschen Gorki wird vergessen können.»

Mitten in seinem Ruhm bleibt der Schriftsteller unendlich bescheiden. Wenn er immer wieder auf sich selbst zurückkommt, so geschieht es nicht, um sich zu analysieren. Im Gegenteil liegt hier der äußerst seltene Fall vor, daß der Autor eines so umfangreichen Werks, in dem die Autobiographie derart viel Platz einnimmt, sich für sein «Ich»

VII.

Смерть молчит, а девушкины речи
Зависти огнем ей кости плавят,
В жар и холод властно ее мечут,
Что же сердце Смерти миру явит?

Смерть — не мать, но — женщина, и в ней
Сердце тоже разума сильней;
В темном сердце Смерти есть росинки
Жалости и гнева и тоски.

Тем, кого она полюбит крепче,
Кто ужален в душу злой тоскою,
Как она любовно ночью шепчет
О великой радости покоя!

— «Что ж, — сказала Смерть, — пусть будет чудо!
Разрешаю я тебе — живи!
Только я с тобою рядом буду,
Вечно буду около Любви!»


С той поры Любовь и Смерть, как сёстры,
Ходят неразлучно до сего дня,
За Любовью Смерть с косою острой
Тащится повсюду, точно сводня.

Ходит, околдована сестрою,
И везде — на свадьбе и на тризне
Неустанно, неуклонно строят
Радости Любви и счастье Жизни.

56

Seite aus der Verserzählung «Das Mädchen und der Tod» mit Stalins
datierter und signierter Aufschrift: «Das Ding ist stärker als Goethes
Faust. (Die Liebe besiegt den Tod).»

nicht interessiert. Wenn er von Zeit zu Zeit sagt, daß «*seine Seele ihn schmerzt*», daß er traurig oder verbittert ist, so immer infolge ganz bestimmter äußerer Verhältnisse, als Ergebnis einer verachtenswerten sozialen Ordnung, die er vernichten möchte. Er spricht nicht von sich, um zu zeigen, daß sein «Ich» sich von allen andern unterscheidet, sondern um zu versichern, daß er genauso ist wie jedermann. Keinen Augenblick hat dieser Mann, der bei Lebzeiten einen unvergleichlichen Ruhm genoß, sich der Eitelkeit überlassen.

Um so mehr muß man mit einer Legende aufräumen, an der Gorki nicht schuld ist und die einen Schatten auf ihn wirft, den er nicht verdient hat:

Am 11. Oktober 1931 statteten Stalin und Woroschilow dem Schriftsteller einen Besuch ab. Bei dieser Gelegenheit las Gorki seinen Gästen eine seiner «Jugendsünden» vor, die Verserzählung: *Das Mädchen und der Tod* (1892). Stalin schrieb quer über die Seite des Buches eine datierte und signierte scherzhafte Anmerkung: «Das Ding ist stärker als Goethes Faust (Die Liebe besiegt den Tod).»

Wir sagten: eine scherzhafte Anmerkung, erstens wegen ihrer sprachlichen Form, zweitens, weil es undenkbar ist, daß Gorki, der Goethe unter die größten Genies der Menschheit rechnete, sie hätte

*Gorki, Woroschilow und Stalin*

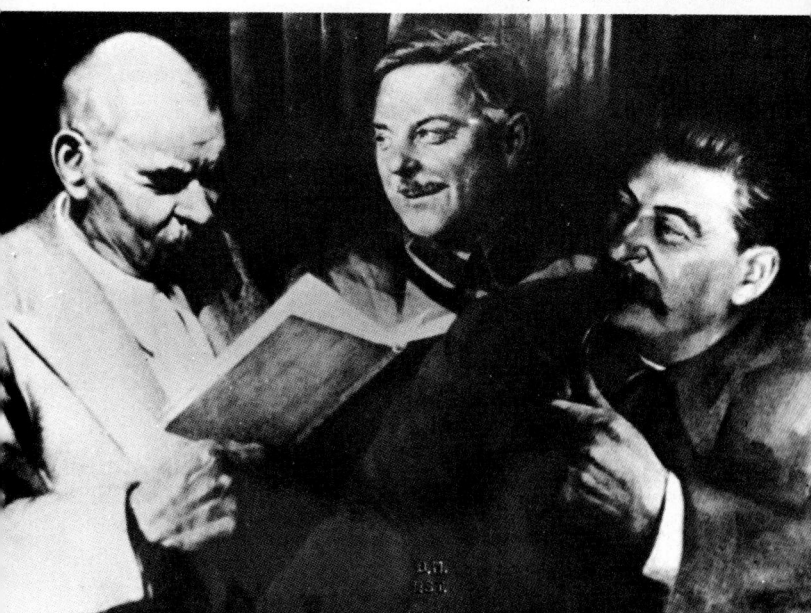

*Gorki mit Frau Katerína Peschkówa und ihren Kindern Maxím und Katjúscha; Níshnij Nówgorod, 1903*

ernst nehmen können. Es gibt eine Photographie, die diesen Besuch vom 11. Oktober 1931 darstellen könnte: Man sieht Stalin, Woroschílow und Gorki, der aus einem geöffneten Buch vorliest, während alle drei herzhaft lachen. Die Unterschrift dazu könnte lauten: «Das ist wirklich hübsch.»

Wie auch immer, Gorki stellte das Buch mit Stalins Bemerkung wieder in seine Bibliothek ein, und es war nicht mehr die Rede davon. Siebzehn Jahre später jedoch legte man den Finger auf Stalins «Bestätigung» und gab sie der weitesten Öffentlichkeit preis: Die Reproduktion der verhängnisvollen Buchseite erschien in der neuen Großen Sowjet-Enzyklopädie, in Gorkis Sämtlichen Werken, in zahlreichen Zeitschriften und Monographien. Ein Hofmaler machte sie sogar zum Gegenstand eines Bildes, auf dem Gorki, in pathetischer Pose, sein Werk Stalin und Woroschílow vorliest (der Maler hat sogar noch

Mólotow dazugefügt). Diese allgemeine Verbreitung konnte offenbar nicht ohne Stalins Zustimmung geschehen, der seine damalige Äußerung – nach dem zu urteilen, was über seinen Geschmack bekannt ist – nun durchaus ernsthaft aufrecht erhalten haben mochte. Gorki war nicht mehr da, konnte sich also auch nicht gegen eine solche Interpretation verteidigen. Also mußte die russische Kritik nunmehr so tun, als ob sie dies Urteil ernst nehme, zur größten Freude der Emigranten, die nun die sowjetische Barbarei ungehemmt beweinen konnten. Das Tollste leistete sich jedoch die Zeitschrift *Europe* (auf der Titelseite der Nr. 57 vom September 1950), die nicht nur das stalinsche «Werturteil» ehrfurchtsvoll reproduzierte, sondern leider auch den Text der Vers-

*Mit seinem Sohn Maxím, Paris 1912*

erzählung, wobei die Übersetzung die technische Unzulänglichkeit des Stückes geschickt verbarg, ohne über seine Ärmlichkeit im Gehalt hinwegtäuschen zu können.

Sogar in der russischen Literatur, die im allgemeinen dem Privatleben der Autoren gegenüber ziemlich diskret ist, gab es kaum einen, der die «Mauern des Privatlebens» so wütend verteidigt hätte wie Gorki. Seine zahlreichen autobiographischen Erzählungen tun seiner kaum Erwähnung, mit Ausnahme seiner ersten Liebe, Frau Kamínskaja, die ihm 1892 nach Níshnij Nówgorod folgte. Und auch dies ist nur wie eine Reihe *«tragi-komischer Erregungen»,* in denen er seine Schwierigkeiten im Zusammenleben zwischen ihm und dieser seiner frischen, skeptischen und kultivierten «Herzensdame», wie er sie nennt, beschreibt. Sie teilte mutig das Elend des Journalisten, der mit 2 Kopeken pro Zeile anfing, indem sie sich als Hutmacherin betätigte oder Porträts von Popen und deren Gattinnen malte. Sie erzählte Gorki von ihrem Aufenthalt in Paris, von Dichtern, die er nicht begriff, von einer entfernten und glitzernden Welt. Gorki erzählt ohne jeden Vorwurf, wie sie einschlief, während er ihr aus seinen Werken vorlas. Diese beiden Wesen hatten wenig gemein miteinander und sie trennten sich ohne dramatische Komplikationen.

In Níshnij Nówgorod verheiratete er sich. Frau Katerína Peschkówa war eine typische russische Intelligenzlerin und flammende Revolutionärin. Sie blieben nur wenige Jahre zusammen. Frau Peschkówa schenkte dem Schriftsteller zwei Kinder: Die kleine Katjúscha starb jung, und Maxim wurde ein fröhlicher Taugenichts, dem sein Vater aber immer sehr eng verbunden blieb.

In der Epoche seiner dramatischen Erfolge lernte er Gorki Frau Márja Andréjewa kennen, die ihn nach Amerika und Capri begleiten sollte. Während der Revolution schloß sich ihm die unruhige Baronin Budberg an, die die Gabe hatte, sich bei seinen Freunden unbeliebt zu machen. Sie stammte aus der Petersburger großen Welt, sprach mehrere Sprachen ausgezeichnet, die russische aber mit einem englischen Akzent. Sie war die Begleiterin des Schriftstellers während seines zweiten Exils. Alles in allem war die einzige Frau, von der er mit Zärtlichkeit und ohne Reserve sprach, die «Königin Margot» seiner Jünglingszeit, aus der er sich ein unerreichbares Ideal machte.

Ungeachtet seiner zahlreichen und derben Beschreibungen sexuellen Übermaßes ist man versucht, Gorki für prüde zu halten. Das liegt daran, daß er (der Franzose Melchior de Vogüé hat das besser bemerkt als die Russen) einfach nicht genügend sinnlich ist. Die brutalen erotischen Szenen, die er beschreibt, enthalten immer einen moralistischen Hintergedanken, der den Leser abkühlt. Gorki ist derartig schamhaft, daß er das Wort «Genuß» durch das Wort «Freuden» ersetzt. In seinen Erzählungen sehen wir den Erzähler oftmals aus

*Mólotow, Stalin, Ordscho- nikidse u. Kaga- nówitsch tragen Gorkis Urne*

*Die Urne mit Gorkis Asche ist in die Mauer des Kreml einge- mauert*

АЛЕКСЕЙ МАКСИМОВИЧ

ГОРЬКИЙ

18 $\frac{28}{III}$ 68-19 $\frac{18}{VI}$ 36

ВАЛЕРИАН ВЛАДИМИРОВИЧ

КУЙБЫШЕВ

12 $\frac{1}{VI}$ 88-19 $\frac{25}{I}$ 35

Сергей Миронович

КИРОВ

reiner Seelengröße den Joseph spielen, was ihn nicht immer vor der Lächerlichkeit bewahrt. Wenn er sich, wie in der *Beichte,* dazu herbeiläßt, einer jungen, schönen Novizin ein Kind zu machen, weil sie hofft, auf diese Weise aus dem Kloster gejagt zu werden, wo man sie gewaltsam eingesperrt hat, so geschieht es wider Willen und einzig aus Menschlichkeit. Zudem handelt es sich in seinem Geiste dabei um das «Sakrament der Ehe».

Wie sind Gorkis letzte Jahre gewesen? Hat er sich völlig dem sowjetischen Regime angeschlossen, oder hat er sich gewehrt, hat er protestiert, hat er widersprochen? Hat er wirklich viele dicke Hefte vollgeschrieben, die nach seinem Tod auf geheimnisvolle Weise verschwunden sind? Wir wissen nichts davon. Das bestürzende Kommuniqué, das am 3. März 1938 offiziell verbreitet wurde, hat die Entstehung solcher Legenden begünstigt. Zwei Jahre nach dem Tod des Schriftstellers, der nach einer Lungenentzündung am 18. Juni 1936 erfolgt war, erklärte dieses Kommuniqué, er sei durch verräterische Ärzte auf Anordnung des Tscheká-Chefs Jágoda und des «rechten Trotzkisten-Zentrums» «medizinisch ermordet worden». Darüber hinaus wurde festgestellt, daß Gorkis Sohn, der fröhliche und harmlose Maxím, der – ebenfalls infolge einer Lungenentzündung – ein Jahr vor seinem Vater gestorben war, ebenfalls ein Opfer desselben Komplotts gewesen sei.

Was bedeutet diese ebenso ungeheuerliche wie unglaubwürdige Anklage? Ihre Parallele zu der Ärzte-Affäre vom 13. Januar 1953, wobei analoge Vorwürfe, diesmal auf Betreiben von Bérija, erhoben wurden, und die sofortige Annullierung des Falles nach Stalins Tod macht die ganze Angelegenheit verdächtig. Da es uns an jeder ernstzunehmenden Dokumentation mangelt, wollen wir uns auch jeder Hypothese enthalten. Wie immer die Gründe der sowjetischen Regierung gewesen sein mögen, einen aufrührerischen Schriftsteller, mit dem nicht einmal Lenin fertig geworden war, besonders zu überwachen, es scheint doch erlaubt, zu glauben, daß ein Mann von 68 Jahren, dessen Organismus durch eine fast 50jährige Tuberkulose geschwächt war, an den Folgen einer Lungenentzündung eines natürlichen Todes gestorben ist. Man kann nur beklagen, daß eine solche Verdächtigung den Tod eines der ehrlichsten, uneigennützigsten Menschen, die die Literatur kannte, verdunkelt hat.

Obwohl er sich im Literarischen soweit wie möglich von Gorki entfernt hielt, hat Alexándr Blok ihn doch in seinem tiefsten Wesen wohl verstanden, wenn er sagt: «Wenn es etwas Unermeßliches, Weites, Melancholisches gibt, jenes gelobte Land der Seele, das wir uns gewöhnt haben, Rußland zu nennen, so hat Gorki es am besten auszudrücken verstanden.»

# Selbstzeugnisse aus Gorkis Werken

*Gorki ist 25 Jahre alt, als er den ersten Versuch unternimmt, in einer autobiographischen Notiz den Sinn seines Lebens deutlich zu machen:*

*Darlegung der Tatsachen und Gedanken, durch deren Zusammenwirken die besten Stücke meines Herzens vertrocknet sind.*

Im Jahre 1868, am 14. Tage des Monats März, um zwei Uhr nachts machte die Natur, entsprechend der ihr eigenen Liebe zu bösen Scherzen und zur Ergänzung der allgemeinen Summe der von ihr zu verschiedenen Zeiten schon begangenen Torheiten, mit ihrem objektiven Pinsel einen weitausholenden Strich – und auf Gottes schöner Welt erschien ich.

Selbst kann ich mich an diesen Umstand, ungeachtet seiner Wichtigkeit, nicht erinnern, doch sagte mir die Großmutter, daß ich, sobald mir nur in gehöriger Weise menschliches Aussehen verliehen war – zu schreien anfing.

Ich will denken, daß das ein Schrei des Unwillens und des Protestes war. (1893)

## Kindheit

In dem halbdunklen, engen Zimmer liegt auf dem Fußboden dicht am Fenster mein Vater, er ist weiß angezogen und ungewöhnlich lang; die Zehen seiner nackten Füße sind sonderbar gespreizt, auch die Finger seiner gütigen, friedlich auf der Brust ruhenden Hände sind verkrümmt, seine sonst so fröhlichen Augen sind von den schwarzen, runden Scheiben der Kupfermünzen verdeckt, das freundliche Gesicht ist dunkel und ängstigt mich mit den ungut entblößten Zähnen.

*Mit diesen gütigen Händen und diesen fröhlichen Augen verschwindet auch die glückliche früheste Kindheit Alexéis. Von Astrachanj reist er mit seiner Mutter nach Nishnij Nówgorod, zur Familie seines Großvaters mütterlicherseits.*

*Das Haus des Großvaters, in dem Gorki als Kind lebte*

Es beginnt und entlädt sich nun mit schrecklicher Schnelligkeit ein dichtes, buntes, unsagbar seltsames Leben. Es ist jetzt in meiner Erinnerung wie ein bedrohlich-hartes Märchen, das von einem guten aber quälend aufrichtigen Genius erzählt wird.

Das Haus des Großvaters war von den heißen Nebelschwaden des Hasses aller gegen alle erfüllt. Die Großen waren davon vergiftet, und selbst die Kinder nahmen lebhaften Anteil daran. Später erfuhr ich aus den Erzählungen der Großmutter, daß meine Mutter gerade in jenen Tagen angekommen war, da ihre Brüder vom Vater nachdrücklich eine Teilung des Vermögens verlangten. Die unerwartete Rückkehr meiner Mutter ins Haus hatte ihren Wunsch nach Auszahlung der Anteile nur noch schärfer und dringlicher werden lassen. Sie befürchteten, Mutter werde die Auszahlung ihrer Mitgift verlangen, die ihr zugedacht, aber vom Großvater zurückgehalten worden war, weil sie sich «auf eigene Faust», gegen seinen Willen, verheiratet hatte.

Der Großvater war ein kleiner, hagerer Alter mit einem langen schwarzen Rock, einem rötlichen, goldschimmernden, kleinen Vollbart, grünen Augen und einer Habichtnase . . . Weder die Erwachsenen noch die Kinder gefielen mir, ich fühlte mich fremd unter ihnen . . . Ganz besonders mißfiel mir der Großvater; ich spürte sofort den Feind in ihm und wandte ihm meine ganz besondere mit Furcht und Neugier gepaarte Aufmerksamkeit zu . . . Ich bemerkte, daß er mich mit seinen grünen, klugen und stechenden Augen beobachtete . . .

*Beim ersten Streich des Jungen kommt es zu einer äußerst heftigen Züchtigung, das Kind wird der bestürzten Großmutter und der jammernden Mutter entrissen.*

Großvater schlug mich so lange, bis ich das Bewußtsein verlor. Ich war danach einige Tage krank und lag auf dem Bauch in einem breiten, molligen Bett in einer Kammer, die nur ein Fenster hatte, und in der vor einem Schrein mit unzähligen Ikonen ein ewiges Lämpchen brannte.

Diese Tage meines Unwohlseins waren große Tage in meinem Leben. Damals muß ich innerlich sehr gewachsen sein und etwas Besonderes erfahren haben. Seit jenen Tagen bekam ich eine unruhige Aufmerksamkeit den Menschen gegenüber, und gerade so, als wenn man mir die Haut vom Herzen abzöge, wurde es unerträglich empfindlich für jedes Unrecht und jeden Schmerz, ob ich ihn erlitt oder jemand anders.

*Aber der Alte erzählt dem Kind auch von seiner Jugend: als Wolgatreidler hatte er die Lastkähne flußaufwärts geschleppt . . .*

. . . der Kahn im Wasser, ich am Ufer, barfuß, über spitze Steine, über die Abhänge, und so vom Sonnenaufgang bis in die Nacht! Die liebe Sonne sengt aufs Genick, der Kopf siedet wie ein gußeiserner Kessel, und du gehst und gehst, krumm, ins Seil gelegt auf Teufel komm raus, du siehst den Weg nicht vor dir, der Schweiß läuft in die Augen, die Seele möchte weinen, dir kommen die Tränen – ach, Oljóscha, sei mir still davon! Du gehst und gehst und rutschst aus der Schlinge mit der Schnauze auf die Erde – und bist froh darüber, alle Kraft ist rein weg, jetzt hast du Ruhe, vielleicht ist es aus! Ja, so haben wir gelebt vor dem Angesicht Gottes, des barmherzigen Herrn Jesus Christus! . . .

Aber dafür, Oljóscha, wenn wir haltmachten und ausruhten, an einem Sommerabend bei Shigulí unten an dem grünen Abhang unsere Feuer anmachten, ein Breichen zu kochen, und wenn dann ein armer Treidler ein herzzerreißendes Lied anstimmt und auf einmal fällt die ganze Gruppe ein – da läuft es einem kalt über den Rücken, und es ist, als ob die Wolga auf einmal schneller fließt – so weißt du, als wenn ein Pferd sich aufbäumt bis zu den Wolken! Und aller Kummer ist auf einmal weg, wie Staub vor dem Wind; und manchmal haben die Leute sich so in ihr Singen verloren, daß sogar der Brei übergekocht ist; und dann muß der Koch eins übern Kopf kriegen: Mach, was du willst, aber paß auf dein Geschäft auf! . . . Er erzählte bis tief in den Abend hinein, und als er sich zärtlich von mir verabschiedete und ging, da wußte ich, daß Großpapa weder böse noch schrecklich war. Und es war mir bis zu Tränen schwierig, mich zu erinnern, daß er mich so grausam verprügelt hatte, aber vergessen konnte ich es auch nicht!

*Es folgen wieder heftigste Szenen, bis zu dem heimtückischen Mord, den die Onkel an dem Adoptivsohn der Familie begehen. Und dabei gibt es Tage, wo der Onkel Jákow, der falsche, neidische, habsüchtige, der seine Frau zu Tode gequält hat, sich Wangen, Stirn und Brust schlägt, sich die Haare ausrauft, die Lippen zerschneidet und Buße tut. Und dann hat er seine Musik:*

Onkel Jákow stimmte mit liebevoller Hingabe seine Gitarre, und wenn er sie gestimmt hatte, sagte er immer die gleichen Worte:

– Nu, ich fang jetzt an!

Er warf seine Haare aus der Stirn, beugte sich über die Gitarre, reckte den Hals aus wie eine Gans; sein rundes, sorgloses Gesicht wurde schlaftrunken; die lebhaften, nie festzuhaltenden Augen verloschen in einem öligen Nebel, und indem er die Saiten ganz leise anzupfte, spielte er irgend etwas Aufreizendes, das einen unwillkürlich auf die Beine brachte.

Seine Musik erforderte angespannte Stille; wie ein geschäftiger Bach kam sie von irgendwo weit weit her herangelaufen, sickerte durch den Fußboden und die Wände und erregte das Herz, lockte ein unbegreifliches Gefühl hervor, das zugleich traurig und beunruhigend war. Bei dieser Musik begann man mit allen und mit sich selbst Mitleid zu bekommen, und alle saßen unbeweglich, in nachdenkliches Schweigen gebannt.

Alles war schrecklich interessant, alles hielt mich in Spannung, und von allem sickerte mir eine sonderbar stille, unbezwingbare Trauer ins Herz. Und Trauer und Freude lebten in den Menschen nebeneinander, fast untrennbar, und wechselten einander ab mit unfaßbarer, unbegreiflicher Schnelligkeit.

*Und vor allem war da die Großmutter ...*

... der Mensch, der mich in dieses ebenso interessante wie komplizierte Leben einführte, das Leben unter Menschen. Wenn ich an sie denke, verschwindet alles Böse, alle Wunden heilen, alles wird anders und anziehender, einnehmender, die Menschen scheinen besser zu sein ...

Sie brachte die Worte eigentümlich singend heraus, und ich behielt leicht im Gedächtnis, was sie sagte. Ihre Worte waren wie Blumen, ebenso zärtlich, hellbunt und saftig. Wenn sie lächelte, weiteten sich ihre kirschdunklen Pupillen und flammten in einem unaussprechlich wohltuenden Lichte auf, ihr Lächeln entblößte fröhlich die weißen, kräftigen Zähne, und ungeachtet der zahlreichen Runzeln in der dunklen Wangenhaut erschien das ganze Gesicht jung und hell. Es wurde sehr entstellt von dieser schwammigen Nase mit den geblähten Nü-

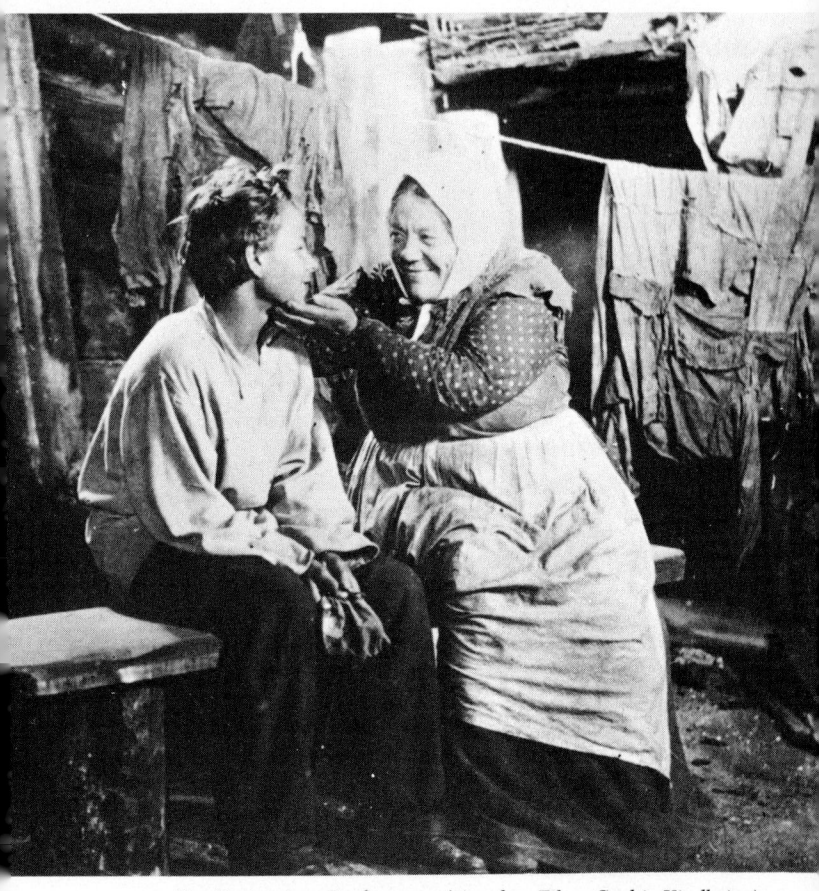

*Alexéi mit seiner Großmutter. ( Aus dem Film «Gorkis Kindheit»)*

stern, die vorne auch noch rot war. Sie schnupfte Tabak aus einer schwarzen, mit Silber eingelegten Tabaksdose. Sie ist ganz und gar dunkel, aber sie strahlt von innen her – durch die Augen – von einem unverlöschlichen, heiteren und warmen Licht. Sie ist untersetzt, fast bucklig, sehr füllig, aber sie bewegt sich leicht und gewandt, gerade wie eine große Katze – sie ist auch ebenso weich wie dieses schmeichleri-sche Tier.

Ehe sie da war, hatte ich sozusagen geschlafen, im Dunkel versteckt, aber sie erschien, weckte mich, führte mich ans Licht, verband alles um mich herum in einen zusammenhängenden Faden, verflocht alles in ein vielfarbiges Spitzengewebe und wurde im Nu fürs ganze Leben mein

99

Freund, der Nächste meines Herzens, der begreiflichste und teuerste Mensch – denn ihre selbstlose Liebe zur Welt machte mich reich, indem sie mich sättigte mit Kraft und Festigkeit fürs mühsame Leben . . .

Und, nachdem sie Tabak geschnupft hat, beginnt sie mir irgendwelche schrecklich-spannenden Geschichten zu erzählen von guten Räubern, von heiligen Menschen, von allerlei Getier und der Macht des Bösen.

Die Märchen erzählt sie leise, geheimnisvoll, neigt sich ganz zu meinem Gesicht, schaut mir mit erweiterten Pupillen in die Augen, es ist, als wenn sie eine Kraft in mein Herz gießt, die mich erhebt. Sie spricht, gerade als wenn sie sänge, und je mehr, desto harmonischer klingen ihre Worte. Ihr zuzuhören, ist unsagbar wohltuend.

*Das persönliche Drama seiner Mutter, ihre häufigen geheimnisvollen Besuche und Abreisen, lasten schwer auf der Sensibilität des Kindes.*

*Das einzige Schulzeugnis Gorkis, vom 8. Juni 1879: «In Anerkennung der hervorragenden Erfolge in den Wissenschaften und der Wohlerzogenheit des Schülers Alexéi Peschków hat die Volksschule von Kunawino ihn mit diesem Belobigungsblatt ausgezeichnet.» – Um seinem Mißmut über die Schule Ausdruck zu geben, hat Alexéi das Blatt verschmiert, über das Wort Wohlerzogenheit «Bubenstreiche» und ganz unten links «unsere Kunawino-Saupenne» hingeschrieben.*

*Aber die Stimmung im Hause ist außerordentlichen Schwankungen unterworfen. Nach Schlägereien und heftigen Wortwechseln setzt man sich wieder am Tisch zusammen.*

Sie aßen, wie immer an Feiertagen, ermüdend lange und viel, und es schien, daß das gar nicht dieselben Menschen seien, die sich vor einer halben Stunde noch gegenseitig angeschrien hatten, die bereit waren, sich zu prügeln, die in Tränen und Schluchzen ausgebrochen waren. Es wollte mir schon nicht mehr ganz glaubwürdig erscheinen, daß sie das alles im Ernst taten und daß es sie schwer ankomme, zu weinen. Und all ihre Tränen und ihr Geschrei und all ihre gegenseitigen Quälereien, die so oft aufflammten und schnell wieder verloschen, wurden mir zur Gewohnheit, regten mich immer weniger auf, rührten immer schwächer mein Herz.

Viel später verstand ich, daß die Russen, wegen der Bettelhaftigkeit und Kargheit ihres Lebens, überhaupt lieben, sich am Leid zu ergötzen, daß sie mit ihm spielen wie Kinder, und daß sie sich selten schämen, unglücklich zu sein.

In den endlosen Alltäglichkeiten ist auch das Leid ein Feiertag, ist auch die Feuersbrunst eine Ergötzung; auf einem leeren Gesicht ist auch eine Schramme eine Verzierung ...

*Die Angelegenheiten des Großvaters gehen schlecht, und er wird noch geiziger. Man muß sich in einem Kellergewölbe einrichten.*

Als wir umgezogen waren, nahm Großmutter einen alten Bastschuh mit einem langen Schnürriemen, warf ihn unter den Ofen, setzte sich auf die Fersen und begann, den Domowój (Hausgeist) anzurufen.

– Domowík-rodowík (Hausgeist – lieber Verwandter), da hast du einen Schlitten, komm in unsre Mitten, zum neuen Ort, auf andres Glück ...

*Aber Großvater verbietet wütend diese «Ketzerei». Man kommt vom Regen in die Traufe.*

Auf die Straße ließ man mich selten, jedesmal kam ich von den Jungen verprügelt heim – die Prügelei war meine einzige und heißgeliebte Freude, ich gab mich ihr mit Leidenschaft hin. Mutter verdrosch mich mit einem Lederriemen, aber die Bestrafung reizte noch mehr, und das nächste Mal prügelte ich mich mit den kleinen Jungs noch wütender – und Mutter bestrafte mich noch schärfer. Einmal warnte ich sie, daß ich sie, wenn sie nicht aufhören würde, zu schlagen, in die Hand beißen, hinaus ins Feld laufen und dort erfrieren würde. Sie stieß mich verwundert von sich, ging im Zimmer auf und ab und sagte, vor Ermüdung außer Atem:

Kleines Biest!

*Seine Mutter hat sich wiederverheiratet. Der Stiefvater wird entlassen, weil er die Arbeiter bestohlen hatte, und Alexéi findet sich in einem anderen Kellergelaß wieder.*

Mutter steckte mich gleich in die Schule; vom ersten Tag an rief die Schule in mir Abscheu hervor.

Ich erschien dort in Mutters Schuhen, in einem Mäntelchen, das aus Großmutters Hausjoppe zurechtgeschneidert war, in einem gelben Hemd und «Überfall»-Hosen, das alles wurde sofort ausgelacht, wegen des gelben Hemdes bekam ich den Spitznamen «Karo-As». (Das war das Zeichen, das die Zuchthäusler auf dem Rücken trugen.) Mit den Jungen kam ich bald zurecht, aber der Lehrer und der Pope hatten nichts für mich übrig.

*Alexéi rächt sich an dem Erzieher durch «wilde Streiche».*

Obwohl ich erträglich lernte, wurde mir bald gesagt, daß man mich wegen unmöglichen Betragens aus der Schule jagen würde. Ich wurde recht betrübt, denn es drohte mir große Unannehmlichkeiten an: Mutter, die immer reizbarer wurde, verdrosch mich immer häufiger.

Aber es kam Hilfe – in die Schule kam unerwartet der Bischof Chrysanthius zu Besuch; er glich einem Zauberer und war, wie ich mich entsinne, bucklig.

*Er ließ das Kind Stellen aus der biblischen Geschichte und aus den Volksepen aufsagen. Alexéi kannte, dank seiner Großmutter, unendlich viele davon.*

Nachdem er mir die Hand, die nach Zypressenholz duftete, auf den Kopf gelegt hatte, fragte er:

– Warum machst du denn solche Rüpeleien?

– Das ist so langweilig, das Lernen.

– Langweilig? Na, mein Lieber, das kann ja wohl nicht ganz stimmen. Wenn das Lernen dir langweilig wäre, würdest du schlecht lernen, aber die Lehrer hier bestätigen doch, daß du gut lernst. Es muß also was andres sein.

*Nachdem er dem Popen Anweisungen gegeben hatte . . .*

**Von Geld ist die Rede, von wem noch?**

*«Auch ich ...*

… habe stets nur tolles Geld bekommen, das man unter keinen Umständen in der Tasche halten kann», klagt einer der Verehrer der schönen Lydia in einer Komödie des Dichters, von dem hier die Rede sein soll.

Der Mann wurde in Moskau geboren, als Sohn eines kleinen Beamten. Er durfte Jura studieren, ging aber ohne Examen von der Universität. Ein paar Jahre arbeitete er als Kanzleibeamter am Handelsgericht, wurde dann aber wegen eines von ihm verfaßten Theaterstücks (Ersttitel: Der Bankrott) aus dem Staatsdienst entlassen und unter Polizeiaufsicht gestellt. Zehn Jahre blieb das Stück verboten, ehe es unter der etwas liberaleren Regierung Alexanders II. aufgeführt werden durfte.

Nach seinem Ausscheiden aus dem Staatsdienst lebte der Mann nur von den Einkünften seines dichterischen Schaffens, und er lebte dementsprechend kläglich. Obwohl er pro Jahr ein Theaterstück verfaßte (insgesamt wurden es rund 45), konnte er sich gerade über Wasser halten. In Rußland seiner Zeit gab es nicht ein einziges Privattheater. Wer als Autor Erfolg haben wollte, mußte Gnade finden vor den Direktoren der zaristischen Bühnen in Petersburg und Moskau.

Erst unter Alexander III. ging es dem Dichter besser. Nun bekam er eine Jahrespension von 3000 Rubeln. Ein Jahr vor seinem Tod wurde er, eine längst verdiente Ehrung, zum Direktor des Moskauer Staatstheaters und der angegliederten Theaterschule ernannt. «Erst nach Ihnen können wir Russen mit Stolz sagen, daß wir unser eigenes russisches nationales Theater besitzen», schrieb Gontscharow über das Wirken dieses Autors. Von wem war die Rede?

(Alphabetische Lösung: 15-19-20-18-15-23-19-11-9)

... nahm er mich beim Arm und führte mich in den Flur, und dort sagte er ganz leise, zu mir gebeugt:

– Also du wirst dich zusammennehmen, abgemacht? Ich versteh ja, warum du ungezogen bist! Nun, leb wohl, mein Lieber!

Ich war sehr erregt, irgendein besonderes Gefühl stieg heiß in der Brust auf, und als der Lehrer, nachdem er die Klasse fortgeschickt hatte, mich dabehielt und auf mich einredete, ich müsse mich jetzt stiller als Wasser und geduckter als Gras halten, hörte ich ihm sogar aufmerksam und gerne zu.

*Eines Abends erlebt Alexéi eine Szene zwischen seiner Mutter und seinem Stiefvater.*

Ich hörte, wie er sie schlug, stürzte ins Zimmer und sah, wie Mutter, auf die Knie gesunken, sich mit Rücken und Ellbogen gegen einen Stuhl gelehnt hatte, die Brust vorgestreckt, den Kopf zurückgeworfen, wobei sie ächzte und schrecklich mit den Augen funkelte, während er, sauber angezogen, im neuen Uniformkittel, sie mit seinem langen Bein vor die Brust trat. Ich schnappte vom Tisch ein Messer mit einem silberverzierten beinernen Griff – es diente zum Brotschneiden und war der einzige Gegenstand, der der Mutter von meinem Vater verblieben war –, ich schnappte es und stieß es dem Stiefvater mit aller Kraft in die Seite.

Zum Glück hatte Mutter Maxímow rechtzeitig wegstoßen können, das Messer glitt nur über die Seite hin, machte einen breiten Riß in die Uniform und ritzte nur leicht die Haut. Der Stiefvater stöhnte auf, hielt sich die Seite und stürzte zum Zimmer hinaus, und Mutter ergriff mich, hob mich hoch und warf mich mit einem wilden Aufschrei auf den Fußboden. Der Stiefvater, der vom Hof zurückgekommen war, nahm mich ihr weg.

Spät am Abend, als er dennoch das Haus verlassen hatte, kam Mutter zu mir hinter den Ofen, umarmte mich vorsichtig, küßte mich und weinte:

– Verzeih, ich war schuld! Ach, mein Liebling, wie konntest du? Mit dem Messer?

Ich sagte ihr ganz aufrichtig und in vollem Bewußtsein meiner Worte, daß ich den Stiefvater und auch mich selbst umbringen werde. Ich glaube, daß ich es getan oder jedenfalls versucht hätte. Noch heute sehe ich dies niederträchtige, lange Bein mit der grellfarbenen Biese an der Hose, sehe, wie es in der Luft erst zurückschwingt und dann mit dem Absatz die Brust der Frau tritt.

Wenn ich mich dieser bleiernen Abscheulichkeiten des barbarischen russischen Lebens entsinne, frage ich mich in manchen Augenblicken: ist es wert, daß man davon spricht? Und antworte mir mit erneuerter

Überzeugtheit – es ist wert; denn das ist die lebendige, niederträchtige Wahrheit, sie ist bis auf den heutigen Tag noch nicht verreckt. Das ist die Wahrheit, die man unbedingt bis zur Wurzel kennen muß, um sie mit eben dieser Wurzel aus dem Gedächtnis zu reißen, aus der Seele des Menschen, aus unserem ganzen lastenden und schmählichen Leben.

*Einmal kehrt Alexéi noch in die Kellerwohnung der Großeltern zurück.*

Ich fing ebenfalls an, Geld zu verdienen: An den Feiertagen nahm ich frühmorgens einen Sack und ging von Hof zu Hof und durch die Straßen, um Rinderknochen, Lumpen, Papier und Nägel zu sammeln. Ein Pud (16 kg) Lumpen und Papier kauften die Lumpenhändler für 20 Kopeken, ebenso Eisen, ein Pud Knochen für 8 bis 10 Kopeken. Dies Geschäft betrieb ich werktags auch nach der Schule und verkaufte so jeden Sonnabend verschiedene Ware für 30, 50 Kopeken, wenn ich Glück hatte, sogar für mehr. Das Geld nahm Großmutter, steckte es hastig in die Tasche ihres Rockes, schlug die Augen nieder und lobte mich:
– Nun vielen Dank dafür, du kleine Taubenseele! Wir beide sollten nichts zu essen haben? Das wäre ja gelacht!
Einmal sah ich zufällig, wie sie meine Fünfkopekenstücke in der Hand hielt, sie betrachtete und still vor sich hin weinte, eine trübe Träne hing an ihrer Nase, die porös war wie Bimsstein.

*Eine ergiebigere Einnahmequelle als das Lumpensammeln war der Diebstahl von Brennholz und Brettern aus den Lagerhäusern am Fluß.*

Es bildete sich eine Bande von unzertrennlichen Freunden: der zehnjährige Sohn einer mordwinischen Bettlerin, Ssánjka Wjachir, ein lieber, zarter und immer ruhig-heiterer Junge; Kostromá, der keine Eltern hatte, struppig, grobknochig, mit riesigen schwarzen Augen – er hat sich später, mit dreizehn Jahren, in einer Jugendstrafkolonie, wo er wegen Diebstahls zweier Tauben hingekommen war, erhängt; der kleine Tatar Chabí, ein zwölfjähriger Kraftprotz, einfältig und gutmütig; der stupsnäsige Jasj, Sohn des Friedhofswärters und Totengräbers, ein Junge von acht Jahren, schweigsam wie ein Fisch, der an dem «schwarzen Übel» (Epilepsie) litt; und der älteste war der Sohn einer verwitweten Schneiderin, Grischka Tschúrka, ein verständiger, gerechter Mensch und leidenschaftlicher Faustkämpfer; alle – von einer Straße.
In der Schule wurde es wieder schwer für mich, die Schüler lachten mich aus, nannten mich Lumpensammler, Landstreicher, und einmal nach einem Streit erklärten sie dem Lehrer, ich *stinke* nach der Abfallgrube und man könne nicht neben mir sitzen. Ich erinnere mich, wie

tief ich durch diese Beschwerde verletzt wurde und wie schwer es mir wurde, danach wieder in die Schule zu gehen. Die Beschwerde war böswillig erfunden: Ich wusch mich jeden Morgen sehr gründlich und kam niemals mit den Sachen zur Schule, in denen ich Lumpen sammeln ging.

Aber schließlich bestand ich die Aufnahmeprüfung für die dritte Klasse, bekam zur Belohnung ein Evangelium, die Fabeln Krylóws gebunden und noch ein ungebundenes Buch mit dem unverständlichen Titel «Fata Morgana», außerdem gab man mir noch eine schriftliche Belobigung . . .

Ich trug die Bücher in einen Laden, verkaufte sie für 55 Kopeken und gab das Geld der Großmutter; die schriftliche Belobigung verunzierte ich mit ein paar Beischriften und überreichte sie dann erst dem Großvater. Er legte das Papier sorgsam beiseite, ohne es erst aufgefaltet zu haben, und bemerkte meinen Streich gar nicht.

*Nach Abschluß der Schule beginnt das Leben auf der Straße von neuem. Aber, nachdem der Stiefvater verschwunden ist, kommt Alexéis Mutter wieder zu ihren Eltern ins Haus, und das Kind beschäftigt sich mit seinem kleinen Bruder, der trübsinnig und skrofulös ist und alsbald stirbt. Eines Sonntagsmorgens im August schickt die Mutter Alexéi auf die Suche nach ihrem Mann. Bei seiner unfreiwillig verzögerten Rückkehr findet er sie . . .*

. . . am Tisch sitzend, mit einem sauberen, fliederfarbenen Kleide angetan, schön frisiert, würdig wie ehemals.

– Ist dir besser? – fragte ich, aus irgendeinem Grunde ängstlich.

Sie sah mich schrecklich an und sagte:

– Komm her! Wo hast du dich herumgetrieben, he?

Ich kam nicht dazu, zu antworten, da hatte sie mich schon bei den Haaren gegriffen, nahm in die andere Hand ein langes biegsames Messer, das aus einem Sägeblatt gemacht war, und schlug mich mit aller Kraft ein paarmal mit der flachen Klinge – das Messer fiel ihr aus der Hand.

– Heb auf! Gib her . . .

Ich hob das Messer auf, warf es auf den Tisch, Mutter stieß mich weg; ich setzte mich auf den Steinvorsprung am Ofen und verfolgte sie mit ängstlichen Blicken.

Sie war vom Stuhl aufgestanden, bewegte sich langsam in ihre Ecke, legte sich aufs Bett und begann mit einem Tuch ihr schweißgebadetes Gesicht abzuwischen. Ihre Hand bewegte sich unsicher, zweimal fiel sie neben dem Gesicht aufs Kissen und bewegte dort das Tuch hin und her.

– Bring Wasser . . .

Ich schöpfte mit einer Tasse aus dem Eimer, sie schlürfte ein wenig, nachdem sie mit Anstrengung den Kopf gehoben hatte, und schob dann mit ihrer kalten Hand meine Hand beiseite, wobei sie tief aufstöhnte. Dann schaute sie in die Ecke auf die Ikonen, ließ die Augen zu mir hinübergleiten, bewegte die Lippen, als wenn sie lachen wollte, und ließ langsam die langen Lider auf die Augen sinken. Ihre Ellbogen preßten sich fest an die Seiten und die Hände schlichen, während die Finger sich schwach bewegten, auf die Brust und dann weiter in Richtung auf die Kehle. Über ihr Gesicht flog ein Schatten, der sich in die Tiefe des Gesichts zurückzog, die gelbe Haut straffte und die Nase spitzer machte. Verwundert öffnete sich der Mund, aber es war kein Atem zu hören.

Unermeßlich lange stand ich mit der Tasse in der Hand am Bett der Mutter und schaute, wie ihr Gesicht erkaltete und ergraute.

Dann kam der Großvater herein, ich sagte ihm:

– Mutter ist gestorben . . .

Er schaute zum Bett hin.

– Was erzählst du für Märchen?

Er ging zum Ofen und machte sich daran, eine Pastete herauszuholen, wobei er mit dem Riegel und der Pfanne betäubenden Lärm machte. Ich sah ihm zu und wußte, daß Mutter gestorben war; ich wartete ab, wann er es begreifen würde.

Ein paar Tage nach Mutters Beerdigung sagte Großvater zu mir:

– Nu, Lexéi, du bist keine Medaille, an meinem Hals ist kein Platz für dich, geh du lieber hinaus zu fremden Menschen . . .

Und ich ging hinaus zu fremden Menschen.

## Unter fremden Menschen

*Als Laufjunge in einem Schuhgeschäft arbeitet Alexéi – er ist zwölf Jahre alt – mühsam inmitten von Betriebsamkeit und «lastender Langeweile». Er möchte davonlaufen. Zufällig verbrüht er sich die Hände; man bringt ihn ins Krankenhaus, von wo er zur Großmutter zurückkehrt, nunmehr aufs Betteln angewiesen.*

Das Leben floß von neuem schnell und zäh dahin, der breite Strom der Eindrücke brachte der Seele jeden Tag irgend etwas Neues, was entzückte und beunruhigte, beleidigte, zum Nachdenken zwang.

*Um ihn herum* ist alles grob, nackt und flößt ein großes, mächtiges Gefühl von Zutrauen zu diesem schwarzen, schamlos-viehischen Leben ein. Es prahlt mit seinen Kräften und sucht trübsinnig und angestrengt, wohin es sie ergießen soll.

*Alexéi zieht zu Fuß durch Rußland.*
*(Aus dem Film «Meine Universitäten»)*

Und durch den Lärm hindurch gelangen manchmal einige ganz besonders schaurige Worte bis ins Herz und befestigen sich auf immer im Gedächtnis, schaurige Worte wie dies:

– Einen einzelnen sollen nicht alle auf einmal schlagen, immer der Reihe nach! . . .

– Wer wird mit uns Mitleid haben, wenn wir selber kein Mitleid mit uns haben? . . .

*Am Grabe des kleinen Bruders: das feuchte Grab, der Geruch, die angefaulten Bretter, die von dem ungeschickten Totengräber bloßgelegt waren . . .*

Ich reckte mich auf und fragte die Großmutter:
– Das Schwarze da im Grab, ist das Mutters Sarg?
– Ja, – sagte sie unwirsch. – Unverständiger Köter . . . Es ist noch kein Jahr, und Wárja ist schon verfault, ja! Das ist alles vom Sand, der läßt das Wasser durch. Wenn Lehm da wäre, wär's besser . . .
– Verfaulen alle?
– Alle. Nur die Heiligen werden davon nicht angerührt.
– Du wirst aber nicht verfaulen!
Sie hielt inne, rückte die Kappe auf meinem Kopf zurecht und sagte ernsthaft:
– Denk da nicht dran, hörst du?
Aber ich dachte dran: «Wie verletzend und widerlich ist das – der Tod! Welch ein Unflat!»

*Alexéi wird Lehrling bei einem Zeichner, der ein trauriges Haus bewohnt und dessen Familie sich als grausam erweist.*

Zu arbeiten hatte ich viel: ich hatte die Verrichtungen eines Dienstmädchens zu leisten, jeden Mittwoch wusch ich den Fußboden in der Küche auf, putzte den Ssamowár und das Kupfergeschirr, jeden Sonnabend wusch ich die Fußböden in der ganzen Wohnung und beide Treppen. Ich spaltete und schleppte Holz für die Öfen, wusch das Geschirr ab, schälte Kartoffeln, putzte Gemüse, ging mit der Hausfrau über den Markt und schleppte ihr den Einkaufskorb nach, machte kleine Gänge zum Kaufmann und zum Apotheker.

*Bei seinen Wirtsleuten findet er nur Hochmut und Ungerechtigkeit. Sein einziger Zufluchtsort wird die Kirche.*

Man ließ mich nicht allein aus dem Hause . . . Aber ich war gehalten, in die Kirche zu gehen . . .
Ich war gern in Kirchen. Ich stellte mich irgendwo in eine Ecke und hatte meine Freude daran, von weitem die Bilderwand zu betrachten – sie schmilzt gleichsam in den Flammen der Kerzen und läuft in zähgoldenen Bächen hinab auf den Steinboden des Altarraums; ganz leise regen sich die dunklen Figuren der Ikonen; das goldene Filigran der Heiligen Pforte zittert froh, die Flammen der Kerzen sind wie

aufgehängt in der dunkel-bläulichen Luft, als wenn es goldene Bienen wären, und die Köpfe der Frauen und Mädchen gleichen Blumen.

Ringsum ist alles harmonisch verschmolzen mit dem Gesang des Chores, alles lebt ein seltsames Märchenleben, die ganze Kirche schwankt langsam hin und her, wie eine Wiege, schwankt hin und her in der dunklen Leere, die zähflüssig ist wie Harz.

*Manchmal schlendert Alexéi auch, statt in die Messe zu gehen, durch die dunklen Gassen und beobachtet durch die erleuchteten Fenster das Leben der Menschen.*

Die nächtlichen Gänge unter den winterlichen Sternen, in den verlassenen Straßen der Stadt bereicherten mich sehr. Ich wählte absichtlich weiter vom Zentrum abgelegene Straßen: Im Zentrum gab es viele Laternen, Bekannte meiner Wirtsleute hätten mich erkennen können, und meine Wirtsleute hätten erfahren, daß ich die Nachtgottesdienste versäumte. Auch Schutzleute und «flanierende» Mädchen störten; in den abgelegenen Straßen dagegen konnte man in die Fenster der unteren Stockwerke hineinschauen, wenn sie nicht stark gefroren oder von innen zugehängt waren.

Viele verschiedenartige Bilder zeigten mir diese Fenster: Ich sah, wie die Menschen beten, sich küssen, sich prügeln, Karten spielen, sich besorgt und lautlos unterhalten – vor mir rollte, wie in einem «Panorama» für eine Kopeke, ein stummes, fischhaftes Leben ab.

*Alexéi reißt aus. Nachdem er Küchenjunge auf einem Dampfer gewesen ist und die Bücher des Schiffskochs Smúryj gelesen hat, kehrt er zu seinen Großeltern zurück. Aber im Herbst bringt der Großvater ihn wieder zu dem Zeichner zurück, und er ist wieder eingetaucht in «einen Nebel von abstumpfender Trübseligkeit». Die Leute des Hofes sind von schreiender Bestialität.*

Er (ein Soldat) war gutmütig und weich, aber zu den Frauen verhielt er sich wie alle – hündisch, grob und direkt. Freiwillig und unfreiwillig beobachtete ich diese Beziehungen, die oft mit erstaunlicher und niederträchtiger Geschwindigkeit vor meinen Augen abrollten . . .

Ich entsinne mich, daß mir das Leben immer ermüdender, härter, auf ewig in den Formen, die ich tagtäglich sah, erstarrter schien. Ich kam gar nicht auf den Gedanken, daß es etwas anderes, besseres geben könne als das, was sich jeden Tag den Augen aufdrängte.

*Trotzdem trifft er in dieser Umgebung auch Menschen von einer anderen Art. Eine kleine Näherin leiht ihm Bücher, er liest heimlich die illustrierten Beigaben der Zeitschriften.*

Es ist gleichzeitig traurig und lustig, sich zu erinnern, wie viele schwere Erniedrigungen, Beleidigungen und Aufregungen mir die rasch aufgeflammte Leseleidenschaft einbrachte!

Die Bücher der Näherin schienen schrecklich teuer zu sein, und weil ich Angst hatte, die alte Wirtsfrau könnte sie in den Ofen stecken, strengte ich mich an, an diese Bücher gar nicht zu denken, und besorgte mir statt dessen kleine bunte Heftchen in dem Laden, wo ich morgens Brot und Tee kaufte . . .

Man gab mir kein Licht, nahm mir die Kerze fort, und ich hatte kein Geld, um mir eine zu kaufen; so begann ich heimlich das Wachs von den Kerzenhaltern zu sammeln, tat es in eine Sardinenbüchse, goß etwas Lampenöl dazu, machte einen Docht aus Bindfaden und entzündete nachts auf dem Ofen ein rauchiges Licht.

Wenn ich eine Seite des riesigen Bandes umblätterte, flackerte das rote Züngchen am Docht bedenklich und drohte auszugehen, alle Augenblicke ertrank der Docht in der geschmolzenen, riechenden Flüssigkeit, der Rauch biß in die Augen, aber alle diese Unbequemlichkeiten verschwanden vor der innersten Genugtuung, mit der ich die Illustrationen und die Erklärungen dazu betrachtete.

Diese Illustrationen ließen die Welt vor mir immer weiter und weiter sich öffnen, schmückten sie mit märchenhaften Städten, zeigten mir hohe Berge und schöne Meeresufer. Das Leben wuchs wundersam in die Weite, die Welt wurde verlockender, reicher an Menschen, mit viel mehr Städten geschmückt und in jeder Weise abwechslungsreicher . . .

Die Erklärungen zu den Illustrationen erzählten verständlich von fremden Ländern, fremden Menschen, sprachen von verschiedenartigen Ereignissen in Vergangenheit und Gegenwart; vieles kann ich nicht verstehen, und das quält mich. Manchmal dringen irgendwelche sonderbaren Wörter ins Hirn – «Metaphysik», «Chiliasmus», «Chartist» – sie beunruhigen mich in unerträglicher Weise, wachsen zu wahren Ungeheuern an, verstellen alles, und manchmal scheint mir, daß ich überhaupt nichts verstehen werde, wenn es mir nicht gelingt, den Sinn dieser Worte zu enthüllen – sie und nur sie sind es, die an der Schwelle aller Geheimnisse Wache halten . . .

Daß Rom eine Stadt ist, wußte ich schon, aber wer sind die Hunnen? Das mußte ich unbedingt herausbekommen . . .

Die Hunnen, sagte mir der Apothekergehilfe Páwel Goldberg, waren ein Nomadenvolk, so ähnlich wie die Kirgisen. Dies Volk gibt es nicht mehr, es ist ganz ausgestorben.

Mich ergriff Trauer und Ärger – nicht, weil die Hunnen ausgestorben waren, sondern deshalb, weil der Sinn eines Wortes, das mich so

*«Oktober-Straße» in Gorki, dem früheren Nishnij Nówgorod»*

lange gequält hatte, sich als so einfach herausstellte und mir gar nichts gab.

Aber ich bin den Hunnen sehr dankbar – nach dem Zusammenstoß mit ihnen beunruhigten mich Wörter weniger, und dank Attila wurde ich mit dem Apothekergehilfen Goldberg bekannt.

Dieser Mensch kannte den einfachen Sinn aller gelehrten Worte, er hatte den Schlüssel zu allen Geheimnissen . . . Seine kurzen Belehrungen flößten mir eine ernsthaftere Haltung zu den Büchern ein, und ohne daß ich es merkte, wurden Bücher so unentbehrlich für mich wie für den Trinker der Schnaps.

*Aber die Wirtsleute nehmen ihm diesen himmlischen Trost weg.*

Wenn ich keine Bücher hatte, wurde ich schlaff und faul und mich überwältigte langsam eine mir früher unbekannte krankhafte Vergeßlichkeit.

*Wegen einer Unachtsamkeit im Haushalt wird Alexéi von seiner Wirtin so verprügelt, daß man ihn ins Krankenhaus bringen muß. Der Arzt verlangt, daß der Tatbestand von Schlägen und Körperverletzungen festgehalten wird, aber der Junge lehnt es ab, sich zu beschweren. Er gewinnt durch den Effekt seines anständigen Verhaltens die Genehmigung seiner Wirtsleute, seine Lektüre wieder aufnehmen zu dürfen.*

Wieder lese ich dicke Bücher von Dumas père, Ponson du Terrail, Montépin, Zaccone, Gaboriau, Aymard, Boisgobey, ich verschlinge diese Bücher schnell, eins nach dem anderen, und mir ist froh zumute. Ich fühle mich als Teilhaber an einem ungewöhnlichen Leben, es erregt mich angenehm und macht mich frisch. Wieder rußt mein selbstgemachter Leuchter, ich lese ganze Nächte hindurch, meine Augen beginnen mich etwas zu schmerzen, und die alte Wirtin sagt liebevoll:

– Paß nur auf, du Bücherwurm, deine Guckerchen werden noch kaputtgehen, du wirst noch blind!

Jedoch merkte ich sehr bald, daß in all diesen interessant verwickelten Büchern, ungeachtet der Verschiedenheit der Ereignisse, der Länder und Städte, immer von ein und demselben die Rede war: Die guten Menschen sind unglücklich und verfolgt von den Bösen; die Bösen sind immer erfolgreicher und klüger als die Guten, aber zu guter Letzt besiegt irgend etwas Ungreifbares die Bösen, und die Guten triumphieren auf jeden Fall. Ich bekam bald genug von der «Liebe», von der alle Männer und Frauen mit den ewig gleichen Worten redeten. Diese Eintönigkeit wurde nicht nur langweilig, sondern weckte auch trüben Verdacht . . .

Aber hinter alledem sehe ich doch auch den Lichtschein einer lebendigen und für mich bedeutsamen Wahrheit, *die Zeugen* eines anderen

Lebens, anderer Verhältnisse. Es ist mir klar, daß in Paris die Kutscher, Arbeiter, Soldaten und das ganze «niedere Volk» nicht so ist wie in Níshnij, in Kasánj, in Permj – es spricht freimütiger mit den Herrschaften, hält sich ihnen gegenüber direkter und unabhängiger ... überhaupt ist das ganze Leben im Ausland, so wie die Bücher es berichten, interessanter, leichter, besser als das Leben, das ich kenne: Im Ausland prügelt man sich nicht so häufig und viehisch, weidet man sich nicht so an Qual und Unglück des Menschen ... betet man nicht so wütend zu Gott, wie meine alte Wirtin zu beten pflegt.

Besonders bemerkenswert ist, daß die Bücher, wenn sie von Bösewichtern, gierigen und niederträchtigen Menschen erzählen, in ihnen nicht diese unerklärliche Grausamkeit zeigen, dies Bestreben, sich am Unglück des Menschen zu weiden, was mir so vertraut ist, was ich so oft beobachtet habe. Der Bücherbösewicht ist in einer sachlichen Weise grausam, man kann fast immer begreifen, warum er grausam ist, hier aber sehe ich eine ziellose, sinnlose Grausamkeit, an der der Mensch sich nur um ihrer selbst willen ergötzt, ohne Vorteil von ihr zu erwarten ...

Eines Tages geriet ich an einen Roman von Goncourt*: «Die Brüder Zemgano», ich las ihn auf einmal, in einer einzigen Nacht durch, und erstaunt über irgend etwas, was ich bisher noch nie so empfunden hatte, begann ich die traurige Geschichte noch einmal zu lesen. In ihr war nichts Verwickeltes, nichts äußerlich Interessantes, von den ersten Seiten her schien sie ernst und trocken zu sein wie die Heiligenleben. Ihre Sprache, die so genau und ungefärbt war, setzte mich zuerst in Erstaunen, aber die kargen Worte, die festgefügten Sätze prägten sich dem Herzen so gut ein, erzählten eindringlich von den Akrobaten-Brüdern, daß mir vor freudiger Erregung die Hände zitterten, wenn ich das Buch las. Ich schluchzte hemmungslos, als ich las, wie der unglückliche Artist mit gebrochenen Beinen auf den Dachboden kriecht, wo sein Bruder sich heimlich seiner geliebten Kunst hingibt ...

Bald darauf bekam ich bereits ein «richtiges» Buch zu fassen: «Eugénie Grandet». Der alte Grandet erinnerte mich lebhaft an den Großvater, ich war verärgert, daß das Buch so kurz war, und erstaunt, wieviel Wahrheit es enthielt. Diese Wahrheit, die mir sehr gut bekannt war und mir im Leben so unerträglich geworden war, zeigte das Buch in einem völlig neuen Lichte – ohne Böswilligkeit und mit Ruhe. Alle Bücher, die ich vorher gelesen hatte, außer dem von Goncourt, verurteilten die Menschen ebenso streng und schreierisch wie meine Wirtsleute, sie riefen sehr oft ein Gefühl der Sympathie für den Verbrecher

* *Gorki benutzt den Singular.*

auf und ein Gefühl der Peinlichkeit gegenüber den tugendhaften Menschen . . . Bei Goncourt, Greenwood, Balzac gab es weder Bösewichter noch Tugendbolde, sondern nur Menschen, einfach und wunderbar lebendig; sie ließen keinen Zweifel aufkommen, daß alles, was sie sagten und taten, von ihnen genauso gesagt und getan wurde und nicht anders hätte getan werden können.

*Im Hause erscheint eine neue Mitbewohnerin, sie ist schön, reich und stolz. Sie bringt eine unbekannte Welt von Traum und Luxus mit sich. Für Alexéi wird sie das ferne Ideal, an das er sein ganzes Leben lang ein bewegtes Gedächtnis bewahrt, er tauft sie im geheimsten Winkel seines Herzens auf den Namen der geliebten Heldin seiner Romane: «die Königin Margot». Sie ist es auch, die ihn zum erstenmal Gedichte von Púschkin lesen läßt.*

Ich las sie alle auf einmal durch, ergriffen von jenem Gefühl der Gier, das man empfindet, wenn man an einen Ort von noch nie gesehener Schönheit kommt – dann hat man immer den Drang, ihn gleich ganz zu durchmessen. So ist es, wenn man lange über die Moosbüschel eines Sumpfwaldes gegangen ist, und plötzlich breitet sich vor einem eine trockene Wiese aus, ganz voller Blumen und Sonne. Einen Augenblick schaut man bezaubert vor sich hin, und dann läuft man glücklich quer darüber hin, und jede Berührung des Fußes mit den weichen Gräsern der fruchtbaren Erde bringt eine stille Freude.

Púschkin setzte mich durch die Einfachheit und Musikalität seines Verses derart in Erstaunen, daß die Prosa mir lange Zeit unnatürlich vorkam und ich keine mehr recht lesen mochte. Der Prolog zu «Ruslán und Ljudmíla» erinnerte mich an die schönsten Märchen der Großmutter, die er alle wundersam in eins zusammengeballt hatte, und manche Zeilen brachten mich fast von Sinnen durch ihre scharfgeschliffene Wahrhaftigkeit.

*Dann kommt eine neue Etappe der Begeisterung für Alexéi: Béranger.*

Seine Lieder machten mich vollends kopflos durch die seltsam enge Verbindung von ätzendem Kummer und wilder Fröhlichkeit . . .

Ich war gesund, kräftig und kannte gut die Geheimnisse der Beziehungen zwischen Mann und Frau, aber die Leute sprachen in meiner Gegenwart von diesen Geheimnissen mit solcher herzlosen Schadenfreude, mit solcher grausamen Deutlichkeit, so schmutzig, daß ich mir diese Frau (die ihm die Bücher gab) nicht in den Armen eines Mannes vorstellen konnte, daß es mir schwer fiel zu denken, daß irgend jemand das Recht hätte, ihren Leib mit herrischer Hand frech und schamlos zu berühren. Ich war überzeugt, daß der Königin Margot die Liebe der

Küchen und Ladenräume unbekannt war, daß sie irgendwelche anderen, höheren Freuden kenne, eine andere Liebe.

*Sie setzte die Erziehung Alexéis fort, indem sie ihm die russischen Klassiker in Dichtung und Prosa zugänglich machte.*

Diese Bücher wuschen meine Seele rein, säuberten sie von den Hülsen einer bettelhaften und bitteren Realität; ich spürte sehr, was ein gutes Buch sei, und begriff, wie notwendig ich es brauchte. Durch diese Bücher bildete sich eine feste Gewißheit in meiner Seele: Ich bin nicht allein auf der Erde und – ich werde nicht untergehen! . . .

Die Bücher machten mich unverletzlich für vieles: Wenn man weiß, was Lieben und Leiden heißt, braucht man nicht ins Bordell zu gehen; das bißchen Ausschweifung für ein paar Kopeken erweckte nur Abscheu und Mitleid mit den Menschen, für die es süß war . . . Wenn ich dem Heizer Geschichten erzählte, war der Hauptheld fast immer Heinrich der Vierte, und es schien mir, daß Jákow ebenfalls begann, Frankreich und den «Chénrik» zu lieben.

*Alexéi wird Verkäufer bei einem Ikonenhändler, dann Lehrling in dessen Malerwerkstatt. Hier trifft er ein neues Milieu; feinsinnige und schwachsinnige Theologen, Altgläubige, Sektierer.*

Sie erzählten sich gegenseitig von den Verfolgungen durch die (offizielle) nikonianische Kirche . . . Die Worte «Polizei», «Haussuchung», «Gefängnis», «Gericht», «Sibirien» – Worte, die in ihren Unterhaltungen über die Verfolgungen, denen sie ihres Glaubens wegen ausgesetzt waren, ständig wieder aufklangen, fielen als glühende Kohlen in meine Seele, entzündeten Sympathie und Mitgefühl für diese alten Leute; die Bücher, die ich gelesen hatte, hatten mich gelehrt, Menschen, die hartnäckig in der Verfolgung ihrer Ziele waren, und geistige Unbeugsamkeit zu ehren . . . In der Folge, als ich viele derartige Wächter des alten Glaubens kennenzulernen Gelegenheit gehabt hatte – im Volke wie unter der Intelligenz –, begriff ich, daß diese Hartnäckigkeit die Passivität der Menschen ist, die von der Stelle, wo sie stehen, nirgendwo anders hinkönnen, und auch gar nirgendwo anders hinwollen . . .

Dieser Glaube aus Gewohnheit ist eine der traurigsten und verderblichsten Erscheinungen unseres Lebens; im Bereich dieses Glaubens wächst alles Neue, wie im Schatten einer steinernen Mauer, langsam, verbogen und saftlos empor . . .

Der ganze Herbergshof, seine gesamte Einwohnerschaft, Kaufleute und Kommis lebten ein sonderbares Leben, das angefüllt war mit kindisch dummen, aber immer boshaften Ergötzungen . . .

Alles atmete eine kalte und düstere Langeweile . . .

*Eine Prügelei von «bossjaki» vor einem Nachtasyl in Nishnij Nówgorod. Inschriften am Hause: «Nicht singen! Nicht lärmen!»*

*Nach ihrem Sträflingstagewerk tranken die Malergehilfen wüst, sangen traurige Lieder oder schlugen sich bestialisch, bis sie nicht mehr konnten. Über dieser viehischen Existenz aber schwebte für Alexéi weiterhin das strahlende Bild der Königin Margot.*

Meine Abende waren frei, ich erzählte den Leuten vom Leben auf dem Dampfer, erzählte mancherlei Geschichten aus den Büchern und nahm langsam, ohne daß ich es bemerkte, in der Werkstatt einen besonderen Platz ein – den des Erzählers und Vorlesers . . .

Ich begann eifrig nach Büchern zu suchen, fand sie und las fast jeden Abend. Das waren schöne Abende; in der Werkstatt ist es still, wie in der Nacht, über den Tischen hängen die Glaskugeln – weiße, kalte Sterne; ihre Strahlen beleuchten zottige und kahle Köpfe, die auf die Tische geneigt sind; ich sehe ruhige, nachdenkliche Gesichter, manchmal klingt ein Zuruf des Lobes für den Verfasser oder den Helden des Buches auf. Die Menschen sind aufmerksam und bescheiden, sich selbst nicht mehr ähnlich; ich liebe diese Stunden sehr, sie (die Zuhörer) sind auch nett zu mir; ich fühlte mich am richtigen Platz . . .

Ich begann zu häufig an Frauen zu denken und beschäftigte mich schon mit der Frage, ob ich nicht am nächsten Sonntag dahin gehen sollte, wo alle hingingen. Das war kein physisches Verlangen – ich war gesund und angewidert, aber manchmal hatte ich ein wahnsinniges Bedürfnis, ein zärtliches und kluges Wesen in meine Arme zu pressen und aufrichtig und unendlich, wie zu einer Mutter, von den Ängsten und Erregungen der Seele zu sprechen . . .

Ich rauchte viel; der Tabak stumpfte, indem er mich berauschte, die beunruhigenden Gedanken, die erregenden Gefühle ab. Glücklicherweise war mir der Schnaps zuwider . . .

*Alexéi trifft seinen alten Lehrherrn, den Zeichner, wieder, der ihn als Aufseher für seine Bauten auf dem Messegelände von Níshnij engagiert. Er verbringt den ganzen Tag unter den Arbeitern und kehrt abends in das alte Haus zurück.*

*Stanisláwski in der Rolle Ssátins. («Das Nachtasyl»)*

Ich fühle mich erwachsen und zu jeder Arbeit fähig . . .

Zu Hause habe ich Bücher; in der Wohnung, die einst der Königin Margot gehört hatte, wohnt jetzt eine große Familie: fünf junge Fräulein, eins hübscher als das andere, und zwei Gymnasiasten – diese Leute geben mir Bücher. Ich lese gierig Turgénjew und wundere mich, wie verständlich alles bei ihm ist, wie einfach und herbstlich-durchsichtig, wie rein seine Menschen sind und wie gut alles, wovon er bescheiden Kunde bringt . . .

Es war schön, russische Bücher zu lesen, in ihnen war immer etwas Bekanntes und Trauriges, als ob zwischen den Seiten verborgen ein Fastengeläut erstorben wäre – kaum macht man das Buch auf, so beginnt es schon leise zu tönen.

«Die toten Seelen» las ich ungern; «Die Aufzeichnungen aus einem Totenhause» ebenfalls; «Die toten Seelen», «Das tote Haus», «Der Tod», «Drei Tode», «Lebendige Mächte» – diese Eintönigkeit der Buchtitel hemmte unwillkürlich die Aufmerksamkeit und weckte ein trübes Mißvergnügen an solchen Büchern . . .

Aber sehr gefielen mit Dickens und Walter Scott; diese Autoren las ich mit der größten Wonne, ein und dasselbe Buch zwei-, dreimal. Die Bücher von Walter Scott erinnerten an eine festliche Messe in einer reichen Kirche – etwas lang und langweilig, aber immer feierlich; Dickens blieb für mich der Schriftsteller, vor dem ich mich ehrerbietig verneige – dieser Mensch erreichte in erstaunlichem Maße die Kunst der Menschenliebe.

An den Abenden versammelte sich auf der Vortreppe des Hauses eine große Gesellschaft . . . Man sprach von Büchern, von Gedichten – das war auch mir nah und verständlich; ich las mehr als sie alle zusammen. Aber öfter erzählten sie sich gegenseitig vom Gymnasium, beklagten sich über die Lehrer; wenn ich ihre Erzählungen hörte, fühlte ich mich freier als meine Kameraden, wunderte mich sehr über die Stärke ihrer Langmut, aber trotzdem beneidete ich sie – sie lernten ja!

Meine Kameraden waren älter als ich, aber ich kam mir selbst erwachsener, reifer und erfahrener vor als sie; das verwirrte mich etwas – ich wollte mich ihnen näher fühlen. Ich kam spät abends nach Haus, staubig und schmutzig, gesättigt von Eindrücken ganz anderer Art als die ihren, die im Grunde sehr eintönig waren. Sie sprachen viel von jungen Damen, verliebten sich bald in die eine, bald in eine andere, versuchten Verse zu machen; nicht selten wurde dabei meine Hilfe in Anspruch genommen, ich übte mich gern im Verseschreiben, fand leicht Reime, aber aus irgendeinem Grunde kamen bei mir zum Schluß immer komische Verse heraus . . .

An den Festtagen ging ich ziemlich häufig aus der Stadt hinunter in die «Millionenstraße», wo es sich die Bossjakí bequem machten . . . ich beobachtete aufmerksam die Menschen, die da in dem steinernen schmutzigen Sack der Straße eng zusammengepfercht waren. Das waren lauter Menschen, die vom Leben verworfen waren, aber es hatte den Anschein, als ob sie sich ein eigenes Leben geschaffen hatten, das von ihren früheren Herren frei war und fröhlich. Sorglos und frech, erinnerten sie mich an Großvaters Erzählungen von den Wolga-Bootschleppern, die sich leicht in Räuber und Einsiedler verwandelten. Wenn es keine Arbeit gab, scheuten sie nicht vor kleinen Diebstählen auf den Kähnen und Dampfern zurück, aber das empörte mich nicht – ich sah ja, wie das ganze Leben mit Diebstahl durchwebt ist wie ein alter Kaftan mit grauen Fäden, und gleichzeitig sah ich, wie diese Leute manchmal mit gewaltiger Hingabe arbeiten, ohne ihre Kräfte zu schonen, zum Beispiel bei eiligen Entladungen, wenn es brannte oder beim Eisgang. Und überhaupt lebten sie feiertäglicher als alle anderen Menschen.

Ich trank keinen Schnaps und ließ mich nicht mit Mädchen ein – diese beiden Arten der Seelenberauschung ersetzten mir die Bücher. Aber je mehr ich las, desto schwieriger wurde es für mich, so leer und sinnlos zu leben, wie die Menschen, schien mir, leben.

Ich war eben fünfzehn Jahre alt, aber manchmal fühlte ich mich wie ein alter Mann; ich war irgendwie innerlich angeschwellt und beschwert von dem, was ich erlebt und gelesen hatte, worüber mir unruhige Gedanken kamen. Wenn ich in mich hineinsah, fand ich den Ort meiner Eindrücke einem finsteren Lagerraum vergleichbar, der eng und aufs Geratewohl mit den verschiedensten Sachen vollgestopft ist. Sich darin zurechtzufinden, reichten weder Kräfte noch Verstand . . .

Ich hatte eine heftige Abscheu gegen Unglücksfälle, Krankheiten und Klagen; wenn ich etwas Grausames sah – Blut, Schläge, sogar nur gemeine Beschimpfungen eines Menschen –, fühlte ich mich körperlich elend; diese Abneigung verwandelte sich bald in eine Art kalter Raserei, und ich prügelte mich selbst ebenso viehisch herum und litt dann bis zum Schmerz unter meinem Schamgefühl.

Ich hatte zwei Menschen in mir: Der eine, der zuviel Gemeinheit und Schmutz kennengelernt hatte, war davon etwas mutlos geworden und verhielt sich, erdrückt von der Kenntnis der schrecklichen Alltäglichkeit, bald zum Leben und zu den Menschen vorsichtig-verdächtigend, mit einem kraftlosen Mitgefühl für alle, sogar für sich selbst. Dieser Mensch träumte von einem stillen, einsamen Leben mit Büchern, ohne Menschen, vom Kloster, der Försterhütte, dem Bahnwärterhäuschen, von Persien und der Stellung eines Nachtwächters irgendwo am Stadtrand. Möglichst wenig Menschen, möglichst weit weg von ihnen . . .

Der andere, getauft vom heiligen Geist der ehrbaren und weisen

Bücher, der die siegreiche Macht der schrecklichen Alltäglichkeit beobachtete, der fühlte, wie leicht diese Macht ihm den Kopf abreißen,
sein Herz mit schmutzigem Fuße zertreten könne, der machte sich mit
aller Anspannung zur Abwehr bereit, biß die Zähne zusammen, ballte
die Fäuste, zu jeglichem Streit und Kampf bereit. Dieser Mensch liebte
und bedauerte aktiv und stellte sich, wie es einem französischen Ro-
manhelden zukommt – bereit, beim dritten Wort den Degen zu ziehen –, in Kampfposition . . .

Besonders wild wurde ich über das Verhältnis zu den Frauen; nach
allem, was ich in den Romanen gelesen hatte, blickte ich auf die Frau
wie auf das Allerbeste und Bedeutendste im Leben . .

Den Ruhm der Frau sangen die Bücher Turgénjews, und mit allem,
was ich Gutes von Frauen wußte, schmückte ich das mir denkwürdige
Bild der «Königin»; Heine und Turgénjew gaben dazu besonders viele
Kostbarkeiten her . . .

Im Herbst dieses Jahres fuhr ich nach Kasánj mit der geheimen
Hoffnung, daß es mir vielleicht gelingen würde, dort Möglichkeiten
zum richtigen Lernen zu finden.


# Meine Universitäten

*Das ist keine leichte Sache. Alexéi findet von neuem das Elend, die*
*schwere körperliche Arbeit, die Unmöglichkeit, sich seinen ersehnten*
*Studien zu widmen.*

Auf einer kahlen Fläche war dichtes Unkraut gewachsen; inmitten von
wildem Wermut, Kletten und Ginsterbüschen erhob sich die Ruine
eines steinernen Hauses, unter den Trümmern war ein riesiger Keller,
in ihm lebten und starben herrenlose Hunde. Dieser Keller ist mir sehr
denkwürdig geworden, er war eine meiner Universitäten . . .

Um nicht zu hungern, ging ich an die Wolga, zu den Angestellten, wo
man leicht einmal fünfzehn, zwanzig Kopeken verdienen konnte.
Dort, unter den Ladearbeitern, den Bossjakí und Gaunern kam ich mir
vor wie ein Stück Eisen, das man in glühende Kohlen steckt. Jeder Tag
erfüllte mich mit einer Menge scharfer, brennender Eindrücke. Dort
drehten sich im Wirbel vor mir Menschen von nackter Gier, Menschen
mit groben Instinkten – ihre Bosheit gegen das Leben gefiel mir, es
gefiel mir ihre spöttisch-feindselige Haltung gegen alles in der Welt
und ihre sorglose Haltung gegen sich selbst. Alles, was ich unmittelbar
erlebt hatte, zog mich zu diesen Menschen hin, weckte den Wunsch, in
ihr ätzendes Milieu einzutauchen. Bret Harte und die große Menge

von Boulevard-Romanen, die ich gelesen hatte, weckten in mir noch mehr Sympathie zu diesem Milieu.

*Ein junger Student, Gúri Pletnjów ...*

hatte erkannt, wie schwierig und gefahrvoll mein Leben war; er schlug mir vor, zu ihm zu ziehen und mich auf den Beruf eines Volksschullehrers vorzubereiten. Und da lebe ich nun in einem sonderbaren, fröhlichen Loch, der «Marússowka», die sicher mancher Generation von Kasaner Studenten bekannt ist. Das war ein großes, halbverfallenes Haus auf der Fischmarktstraße, das den Besitzern im Kampf verloren gegangen zu sein schien an hungrige Studenten, Prostituierte und einige Gespenster von abgelebten Menschen ...

Pletnjów arbeitete in einer Druckerei als Nachtkorrektor einer Zeitung, wobei er elf Kopeken pro Nacht verdiente, und wenn es mir nicht gelang, etwas dazuzuverdienen, lebten wir einen Tag lang von vier Pfund Brot, dazu für zwei Kopeken Tee und für drei Kopeken Zucker. Und ich hatte ja nicht genügend Zeit zum Arbeiten, ich mußte doch lernen. Ich bewältigte die Wissenschaften mit größter Schwierigkeit, besonders quälte mich die Grammatik mit den verunstaltet engen, verknöcherten Formen; ich bekam es einfach nicht fertig, die lebendige und schwierige, launisch-biegsame russische Sprache dort hineinzuzwängen ...

Pletnjów und ich schliefen auf derselben Pritsche, ich bei Nacht – er bei Tage ...

Wenn ich allein blieb, schlenderte ich durch die Korridore und Winkel der «Marússowka» und schaute mir an, wie die für mich neuen Menschen dort lebten. Das Haus war ganz vollgestopft mit ihnen und glich einem Ameisenhaufen. Drinnen standen säuerliche, ätzende Gerüche und überall in den Ecken verbargen sich menschenfeindliche Schatten.

*Es gab dort auch Revolutionäre, und Alexéi wurde in eine «Verschwörung» hineingezogen.*

Irgend jemand machte mich mit Andréi Dérenkow bekannt, dem Inhaber eines kleinen Kramlädchens, das ganz versteckt am Ende einer ärmlichen, engen Gasse über einer großen, mit Abfall gefüllten Schlucht lag.

Dérenkow, ein Mann mit trockenen Händen, mit einem gutmütigen Gesicht, einem hellen Bärtchen und klugen Augen, verfügte über die beste Bibliothek verbotener und seltener Bücher in der ganzen Stadt. Diese Bibliothek benutzten die Studenten zahlreicher Lehranstalten in Kasánj und mancherlei revolutionär eingestellte Leute.

IV
61

№ 581

# НАРЯДЪ
## НИЖЕГОРОДСКАГО
### ГОРОДСКОГО
## ПОЛИЦЕЙСКАГО УПРАВЛЕНІЯ

*Осматривающій подъ особымъ надзоромъ полиціи Нижегородскаго мѣщанина Алексѣя Максимова Пѣшкова*

*Началось Апрѣля 4 - 1898 г.*
*Кончилось Іюля 18 - 1898 г.*

### за 18 98 годъ.

*на 37 листахъ*

Dokument, das Gorki unter Polizeiaufsicht stellt

Hinter der Küche, im dunklen Flur zwischen dem Anbau und dem eigentlichen Hause, war in der Ecke ein Lagerraum versteckt, und darin verbarg sich die böswillige Bibliothek. Ein Teil ihrer Bücher war mit der Feder in große Hefte geschrieben – z. B. die «Historischen Briefe» von Láwrow, «Was tun?» von Tschernyschéwski, einige Artikel Píssarews «Zar-Hunger», «Die listige Mechanik» – alle diese Handschriften waren sehr zerlesen . . .

Die wirklichen Herren im Domizil Dérenkows waren die Studenten der Universität, der geistlichen Akademie, des Veterinärinstituts – ein geräuschvolles Durcheinander von Menschen, die alle in der Grundstimmung der Besorgtheit um das russische Wolk, in ständiger Unruhe um die Zukunft Rußlands lebten . . .

Es versteht sich, daß ich von (ihren) Streitgesprächen wenig begriff, die Wahrheiten verloren sich für mich in dem Schwall der Worte wie Fettaugen in der Suppe der Armen. Einige Studenten erinnerten mich an die altgläubigen Sektierer-Greise von der Wolga, aber ich bemerkte, daß ich hier Menschen sah, die sich anschickten, das Leben zum Besseren zu verändern, und wenn ihre Aufrichtigkeit sich auch im wilden Strom der Worte überschlug, so ertrank sie doch nicht darin. Die Aufgaben, die sie zu lösen versuchten, waren mir klar, und ich fühlte mich persönlich interessiert an der erfolgreichen Lösung dieser Aufgaben. Oft kam es mir so vor, als ob in den Worten der Studenten meine stummen Gedanken Klang gewönnen, und ich verhielt mich diesen Menschen gegenüber fast begeistert, wie ein Gefangener, dem man die Freiheit verspricht.

Sie aber betrachteten mich wie Tischler ein Stück Holz, aus dem man etwas ganz Gewöhnliches machen könne.

– Ein Naturtalent! – so empfahl mich einer dem andern, mit dem gleichen Stolz, mit dem Straßenjungen sich ein Fünfkopekenstück aus Kupfer zeigen, das sie auf dem Pflaster gefunden haben. Es gefiel mir nicht, daß man mich «Naturtalent» und «Sohn des Volkes» nannte – ich fühlte mich als Stiefsohn des Lebens und litt manchmal unter der lastenden Schwere der Kraft, die die Entwicklung meines Verstandes lenkte.

*Er wehrt sich gegen die Studenten, die seinen Geist auf ihre Art zurechtstutzen wollen. Aber dann entdeckt er einen schweigsamen, bärtigen Mann mit breiten Schultern und einem nach tatarischer Weise kahlgeschorenen Kopf. Es ist der aus politischen Gründen Verbannte Romás.*

Man nannte ihn «Chochòl» (Spitzname für Ukrainer), und offenbar wußte niemand außer Andréj (Dérenkow) seinen Namen. Bald erfuhr ich, daß dieser Mann vor kurzem erst aus der Verbannung im Gebiet

Jakútsk zurückgekommen war, wo er zehn Jahre verbracht hatte. Das verstärkte mein Interesse für ihn, ohne mir allerdings Mut zu machen, mit ihm bekannt zu werden. Ich litt zwar nicht unter Schüchternheit oder Ängstlichkeit, ich krankte im Gegenteil an einer erregenden Wißbegier, an einem Durst, alles zu wissen und zwar so schnell als möglich. Diese Eigenschaft hinderte mich mein ganzes Leben lang, mich mit einer einzigen Sache ernsthaft zu beschäftigen.

Wenn man vom Volke sprach, fühlte ich mit Staunen und Mißtrauen gegen mich selbst, daß ich über dies Thema nicht so denken kann wie diese Menschen. Für sie war das Volk die Inkarnation von Weisheit, geistiger Schönheit und Herzensgüte, ein fast göttliches und einmaliges Wesen, der Sammelplatz für die Grundlagen alles Schönen, Gerechten und Majestätischen. Ich kannte ein solches Volk nicht. Ich sah Zimmerleute, Transportarbeiter, Maurer, kannte Jákow, Ossíp, Grigórij – und hier redeten sie von dem einheitlichen, einzigartigen Volk und stellten sich irgendwo weit unterhalb dieses Volkes, in Abhängigkeit von dessen Willen. Dabei hatte ich den Eindruck, daß gerade diese Menschen in sich die Schönheit und Kraft des Gedankens darstellten, daß in ihnen konzentriert der gute, menschenliebende Wille zum Leben brenne, zur Freiheit, dies Leben nach irgendwelchen neuen Maßstäben der Menschenliebe zu bauen.

*Um seinen Lebensunterhalt zu verdienen, wird Alexéi Bäcker. Er sinkt zurück in das vulgäre, schamlose Milieu der Handwerker.*

Aber sonderbar! – hinter alldem spürte ich, enthüllte sich mir in Augenblicken – Trauer und Scham. Ich sah, daß in den «Freudenhäusern», wo man für einen Rubel eine Frau für die ganze Nacht kaufen konnte, meine Kameraden sich verwirrt und schuldbewußt benahmen; das schien mir natürlich . . .

Die Beziehung der Geschlechter zueinander interessierte mich wahnsinnig, und ich beobachtete sie mit besonderer Schärfe. Ich selbst hatte noch keine Liebkosungen von Frauen erfahren, und das brachte mich in eine unangenehme Lage: Sowohl die Frauen als auch meine Kameraden machten sich boshaft über mich lustig. Aber bald hörte man auf, mich in ein «Freudenhaus» einzuladen, und erklärte offen:

– Du, Bruder, komm lieber nicht mit uns.

– Warum?

– Es ist halt so. Wenn du dabei bist, fühlt man sich nicht recht wohl . . .

Obwohl ich schon eine stattliche Anzahl von Büchern gelesen hatte, las ich gern Gedichte und begann selbst welche zu schreiben – ich sprach «in eigenen Worten». Ich fühlte, daß sie zu schwer, zu scharf waren, aber ich meinte, daß ich nur mit ihnen die tiefste Wirrnis meiner

Gedanken ausdrücken könne, und manchmal brauchte ich absichtlich grobe Worte aus Protest gegen irgend etwas, was mir fremd war und mich aufgebracht machte.

Einer meiner Lehrer, ein Mathematikstudent, machte mir Vorwürfe.

– Weiß der Teufel, wie Sie reden. Nicht mit Worten, sondern mit Gewichten! . . .

Überhaupt gefiel ich mir nicht, wie das bei Halberwachsenen oft vorkommt; ich kam mir lächerlich und grob vor. Mein Gesicht mit den breiten Backenknochen ist kalmykisch, die Stimme gehorcht mir nicht . . .

An einem traurigen (Herbst-)Abend fühlte ich zum erstenmal die Müdigkeit der Seele, das ätzende Verschimmeln im Herzen. Von dieser Stunde an begann ich, mich schlechter zu fühlen, begann mich selbst irgendwie von der Seite her, kalt, mit feindlichen Augen zu betrachten.

Um mich herum wurde es leer. Es begannen die Studentenunruhen – ihr Sinn war mir nicht verständlich, ihre Motive unklar. Ich sah eine heitere Geschäftigkeit, ohne die Tragik darin zu spüren, und ich dachte, daß man für das Glück, in der Universität lernen zu dürfen, sogar Folterqualen aushalten müsse. Wenn man mir vorgeschlagen hätte: «Geh hin, lerne, aber dafür werden wir dich sonntags auf dem Nikolai-Platz mit Stöcken prügeln!», ich hätte diese Bedingung sicher angenommen . . .

125

Im Dezember entschloß ich mich, Selbstmord zu begehen. Ich habe versucht, das Motiv zu diesem Entschluß in der Erzählung *Ein Zwischenfall im Leben Makárs* zu beschreiben. Aber es ist mir nicht gelungen. Die Erzählung wurde ungefüge, unangenehm und ermangelte der inneren Wahrheit. Mir scheint, man müsse es gerade zu ihren guten Eigenschaften rechnen, daß sie dieser Wahrheit völlig entbehrt. Die Fakten sind wahrheitsgemäß, aber ihre Beleuchtung ist sozusagen nicht von mir gemacht und die Erzählung handelt nicht von mir. Wenn man von der literarischen Qualität der Erzählung absieht – so bietet sie doch für mich etwas, was mir gefällt – als ob ich über mich selbst hinweggeschritten wäre.

Ich kaufte auf dem Markt einen Trommelrevolver, der mit vier Patronen geladen war, und schoß mich in die Brust, indem ich rechnete, das Herz zu treffen, ich durchschoß aber nur die Lunge, und einen Monat später war ich, völlig verstört und mit entsetzlich dummem Gefühl – wieder in der Bäckerei.

*Gorki hatte folgenden Brief hinterlassen:*

Der Fehler meines Todes ist dem deutschen Dichter Heinrich Heine zuzuschreiben: Er hat das Herz mit Zahnschmerzen erfunden. Beifolgend meine Identitätspapiere, die ich speziell aus diesem Grunde habe ausstellen lassen. Was meine sterblichen Reste betrifft, so bitte ich, sie einer Autopsie zu unterwerfen, damit man entdecke, welcher Teufel mich in der letzten Zeit besessen hat. Man kann aus den beifolgenden Papieren schließen, daß ich A. Peschków bin, und ich hoffe, daß man aus dieser Notiz nichts schließen kann.

Infolge dieses Selbstmordversuchs, *erzählt Gorki an anderer Stelle,* mußte ich 1887 in Kasánj vor einem geistlichen Gericht erscheinen, das aus einem Mönch, einem Priester und dem Erzpriester der Máslow-Kathedrale bestand, und wurde abgeurteilt nach Artikel 14 der Regel des heiligen Timotheus, Bischofs von Alexandria. Ich wurde zu einer Bußübung, ich weiß nicht mehr welcher Art, im Fjódorkloster, glaube ich, verurteilt. Ich weigerte mich, das Urteil anzunehmen. Daraufhin unternahm der Mönch, ein kleiner Alter mit grünen Augen, bedrohlich und hartnäckig, mir darzulegen, daß ich ein Dieb sei, da ich versucht habe, mein Leben, das dem Zaren, meinem irdischen Meister, gehöre, zu rauben und meine Seele, die Gott, meinem himmlischen Vater, gehöre, dem Satan, seinem Feinde, zu überliefern. Ich erwiderte, daß ich mich allein als rechtmäßigen Herrn meines Lebens und meiner Seele ansehe (1927).

*In der Folge kommt Gorki an zahlreichen Stellen auf diesen Selbstmordversuch zurück, immer mit pädagogischer Absicht, um die «dumme*

*Erniedrigung, die er dadurch erfahren» habe, zu brandmarken. So sagt er vor Arbeitern:*

Kameraden, ich habe die Angst vor der Grausamkeit und Gemeinheit des Lebens so gut erfahren, daß ich sogar den Versuch unternahm, mich auszulöschen. Lange Jahre hindurch mußte ich mich daran erinnern wie an eine Dummheit und empfand eine ätzende Scham und Verachtung für mich selbst (*Wie ich schreiben lernte*, 1928).

*Alexéi war in einem Zustand tiefster Verwirrung und Hilflosigkeit, als Romas ihn etwa 45 Werst weit mit sich nahm wolga-abwärts in das Dorf Krasnowidowo, wo er – als Handelsunternehmen getarnt – einen revolutionären Zirkel organisiert hatte.*

– Sie sind ein fähiger Mensch, von Natur hartnäckig und offenbar mit guten Absichten. Sie müssen lernen, ja, aber so, daß das Buch den Menschen nicht verdeckt! . . .

Lange, bis Mitternacht sprach er, er wünschte offenbar mich sofort und sicher auf eine Ebene mit ihm zu stellen. Zum erstenmal war es mir wirklich ernsthaft gut zumute mit einem anderen Menschen zusammen. Nach dem Selbstmordversuch war meine Selbstachtung stark gesunken, ich fühlte mich nichtig, vor irgend jemandem schuldig, und ich schämte mich, zu leben. Romás hatte das offenbar verstanden, öffnete ganz einfach menschlich vor mir die Tür zu seinem Leben – und richtete mich damit wieder auf. Ein unvergeßlicher Tag.

*Das wird die beste von Alexéis Universitäten. Er nimmt an den Bemühungen von Romas teil, die Bauern zu einem bewußten Leben zu erwecken und sie der Ausbeutung durch die Kulaken zu entziehen. Aber die Bauern verstehen nicht. Sie hassen Romas, Alexéi und ihre paar Anhänger und stecken schließlich ihren Laden in Brand. Alexéi ist zwanzig Jahre alt. Er geht als Matrose auf ein Wolgaschiff, fährt stromabwärts und tritt in eine Gruppe kalmykischer Fischer am Kaspischen Meer ein.*

# Kreuz und quer durch Rußland

*Alexéi verdient sich sein Brot bald hier, bald da an den großen Land- und Wasserwegen durch Rußland. Er ist Eisenbahner, Nachtwächter, Waagemeister, Zugbegleiter. Er gelangt von einem Bahnhof zum anderen immer im gleichen primitiven und rücksichtslosen Milieu, immer lesend und nachdenkend.*

Ohne mich zu schonen, steckte ich überall einmal die Nase hinein. Und so lernte ich eine ganze Menge Sachen, die mir persönlich vielleicht besser verborgen geblieben wären, die man aber unbedingt den anderen zum Bewußtsein bringen muß, denn es geht da um ihr eigenes Leben, um den dramatischen, schmutzigen und lästigen Kampf zwischen dem Tier und dem Menschen, der die blinden Elemente in sich und um sich zu besiegen hofft.

Wenn es etwas Großes, Heiliges auf der Welt gibt, so ist es wohl der Mensch in seinem fortgesetzten Wachstum, und er ist deshalb nicht weniger kostbar, weil er mir persönlich unsympathisch ist.

*Endlich findet er auf einer anderen Eisenbahnstation Menschen anderer Art.*

Dort machte ich die Bekanntschaft einer ziemlich großen Gruppe von Intelligenzlern. Fast alle waren «verdächtig», hatten Gefängnis und Deportation erlebt, lasen viel, kannten fremde Sprachen; es gab dort relegierte Studenten, Seminaristen, Statistiker, drei Offiziere, darunter einen von der Marine.

Ich selbst befand mich in der Mitte zwischen den primitiven Einwohnern der Stadt und diesen «Kulturträgern» von einer besonderen Sorte und sah recht deutlich die unversöhnlichen Widersprüche zwischen diesen beiden Gruppen.

Meine Jugend und mangelnde Bildung hinderten nicht, daß ich von Unruhe ergriffen wurde, als ich die Keime finsterer und vulgärer Tragik bemerkte, die in der «heiligen und ehrwürdigen Prosaik» verborgen lagen.

Indem ich ständig von großen Taten und strahlenden Freuden träumte, bewachte ich Säcke, Planen, Schneezäune, Balken und Brennholz gegen die Raubzüge der Kosaken aus der benachbarten Staníza. Ich las Heine und Shakespeare, und nachts, manchmal von der Realität ergriffen, blieb ich stundenlang in der Stellung, in der ich gerade war, ausgestreckt oder sitzend, als wenn ich mit einem Stock auf den Kopf geschlagen worden wäre.

Nach allem, was ich gesehen hatte, schien mir die Existenz der Intelligenzler langweilig und unnütz. Sie zog sich am Rande der finsteren und irrsinnigen Geschäftigkeit hin, die dieses fischstumme Leben einer endlosen Alltäglichkeit formte. Je aufmerksamer ich beobachtete, desto größer wurde meine Erregung, meine Verstörtheit . . .

Es fehlte mir an Intelligenz, an Phantasie, an Kraft, diese beiden Welten zu vereinigen, die, durch einen Abgrund getrennt, einander so völlig fremd waren.

Mein ganzes Leben lang wurde ich mit mehr oder weniger Nach-

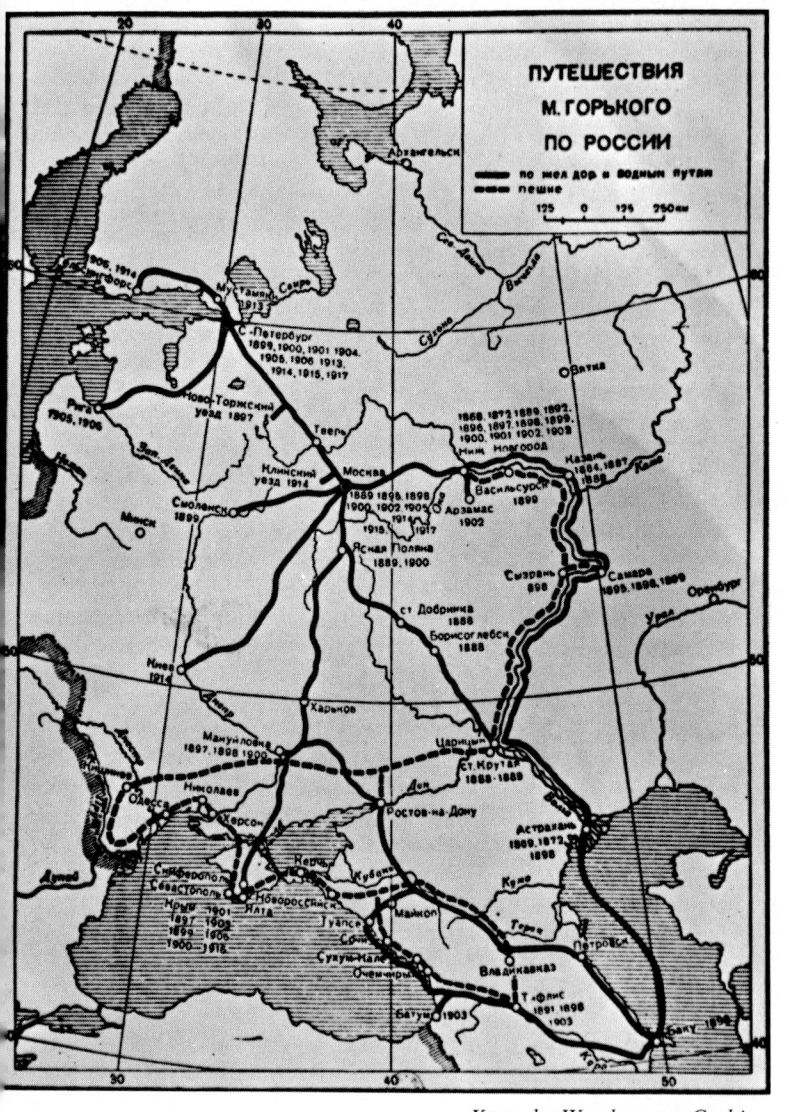

*Karte der Wanderungen Gorkis*
*( Die gestrichelten Strecken hat er zu Fuß zurückgelegt )*

druck verfolgt von dem beunruhigenden Gefühl der Isolation, in der sich der Intelligenzler, als Vertreter des rationalen Prinzips, dem Volk als primitivem Element gegenüber befindet. In verschiedenen wiederholten Ansätzen habe ich dieses Thema in meiner literarischen Arbeit behandelt. Langsam hat sich dieses Gefühl verwandelt zum Vorgefühl der Katastrophe. Als ich 1905 in der Peter-Pauls-Festung saß, habe ich versucht, diesen Gegenstand in meinem mißlungenen Stück *Die Kinder der Sonne* zu entwickeln. Wenn der Bruch zwischen Vernunft und Willen im Leben des einzelnen ein Drama ist, so ist er im Leben des Volkes eine Tragödie.

Ich war gesund und mit einer ungewöhnlichen Kraft begabt, ich konnte ohne besondere Anstrengung neunmal das Kreuzeszeichen machen, wenn ich ein Gewicht von einem Pud (16 kg) in der Hand hatte, ich trug mit Leichtigkeit zwei Mehlsäcke, von denen jeder zwei Pud wog; aber in solcher Stunde war ich nichts als ein krankes Kind, mit erschöpften Kräften und erschöpfter Seele. Ich wollte am liebsten weinen, so bitter war das Unrecht, das ich erfuhr. Gierig hoffte ich, an jener Schönheit teilhaben zu können, die uns in den Büchern bezaubert, eine Liebe zu erlangen, die mich gewappnet hätte. Es war die Zeit gekommen, da ich die ersten Freuden hätte kosten müssen; immer häufiger fühlte ich eine heiße Wut dunkel heraufsteigen in mir, die die Vernunft blendete und meine ungeheure Sorge um die Menschen in lastende Abscheu verwandelte. Das bereitete mir entsetzliche Qualen. Warum traf ich soviel Unreinlichkeit, soviel Erbärmliches, Dummes oder Absonderliches? . . .

*Nach der Begründung einer Gemeinschaft, die sich dem bäuerlichen Leben zuwenden wollte, wird Alexéi von seinen Kameraden nach Jásnaja Poljána delegiert, um Tolstói um Rat und Hilfe zu bitten. Da er ihn auf seinem Gut nicht antrifft, stößt er bis nach Moskau vor.*

Ich hätte über Nacht mit den Zugbegleitern auf der Plattform der Güterwagen fahren können, aber meistens ging ich zu Fuß und verdiente mein Brot in den Stanízas, in den Dörfern und Klöstern. Ich zog durch das Don-Gebiet, durch die Gouvernements Tambów und Rjasánj; von Rjasánj aus folgte ich dem Lauf der Oká, und als ich Moskau erreicht hatte, ging ich in die Chamowniki-Vorstadt zu L. N. Tolstói. Ssófia Andréjewna unterrichtete mich, daß er zu Fuß zum Dreieinigkeitskloster des Heiligen Sergius gegangen sei. Ich traf sie im Hof, an der Tür eines mit Bücherpaketen gefüllten Schuppens; sie führte mich in die Küche, bot mir höflich Kaffee und Kuchen an und teilte mir unter anderem mit, daß Lew Nikolájewitsch von einer Horde «finsterer Tagediebe» belästigt werde, wovon es in Rußland allzuviel gebe. Ich hatte selbst schon sehr gut begriffen und erkannte mit vollem

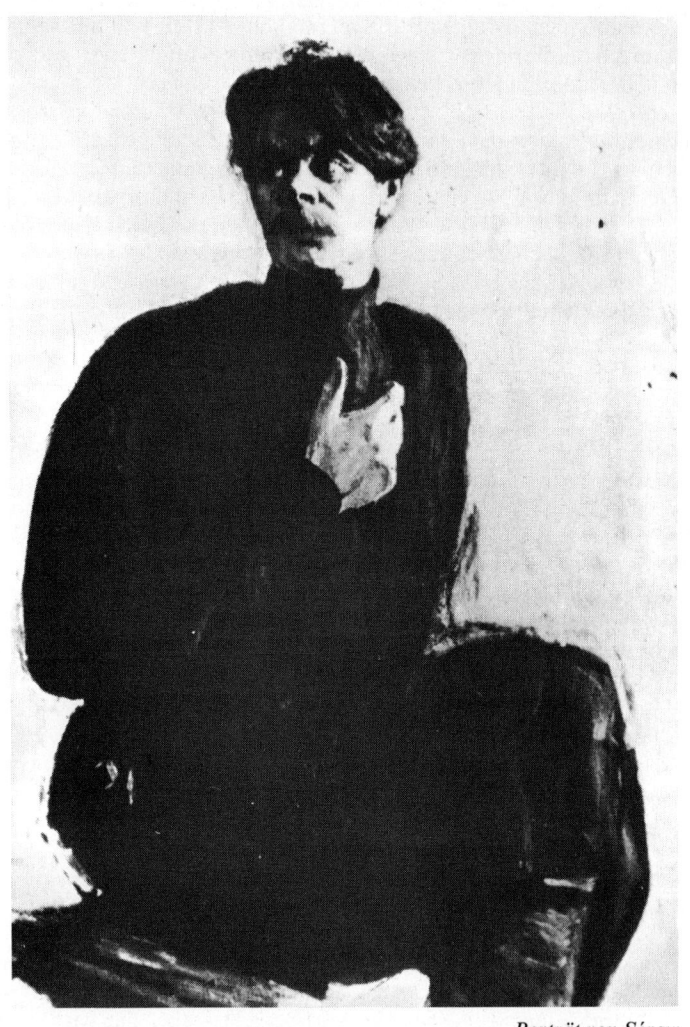

*Porträt von Sérow*

Bewußtsein höflich an, daß diese Beobachtung der intelligenten Dame völlig der Wahrheit entspreche.

*Ende 1889 entschließt sich Alexéi, Korolénko anzugehen. Der Verfasser des «Blinden Musikanten» ist aus der sibirischen Verbannung zurückgekehrt und lebt in Nishnij unter Polizeiaufsicht. Alexéi sendet ihm seinen «Sang der alten Eiche» zu, eine Art Gedicht in Prosa.*

131

Ich habe niemals unter Selbstgefälligkeit gelitten und zu dieser Zeit kam ich mir übrigens fast wie ein Analphabet vor; indessen glaubte ich mit Bestimmtheit, ein bemerkenswertes Werk geschrieben zu haben. Ich hatte dort alles hineingelegt, worüber ich während zehn Jahren eines buntscheckigen und schwierigen Lebens nachgedacht hatte, und ich war sicher, daß die gebildete Menschheit, gerührt von meinem Gedicht, die Neuigkeit dessen, was ich ihr brachte, bewundern würde, ich war sicher, daß die Wahrhaftigkeit meines Berichtes die Herzen aller Menschen erschüttern werde, und daß alsbald ein ehrenhaftes, sauberes, frohes Leben auf Erden entspringen werde. Mehr hätte ich nicht wünschen können.

*Korolénko gibt dem Anfänger seine erste Lektion im literarischen Handwerk. Sie ist hart.*

Mehrere Tage hindurch lebte ich in einer finsteren Depression ... Korolénko war der erste gewesen, der menschliche Worte an mich richtete, voll von Autorität, über den Wert der Form, die Schönheit des Satzbaus; ich war bestürzt über die einfache und klare Wahrheit seiner Worte, und während ich ihm zuhörte, fühlte ich mit Bestürzung, daß es nicht leicht sei, zu schreiben. Ich war mehr als zwei Stunden bei ihm geblieben, er hatte mir vielerlei gesagt, aber kein Wort über das Eigentliche, den Inhalt meines Gedichts. Aber ich fühlte schon, daß ich in der Beziehung nichts Gutes zu erwarten hatte.

*Alles geht schief: die Literatur ebenso wie die Liebe. Alexéi entschließt sich, seine Wanderungen durch Rußland wieder aufzunehmen. Im Laufe von zwei Jahren durchwandert er den Süden von der Donau bis zum Kaspischen Meer. Er bringt reiches Material mit, das er erst später, zwischen 1912 und 1917, zu Erzählungen verarbeitet. Im September 1912 schreibt er an den Chefredakteur des «Europäischen Boten» (Wéstnik Jewrópy), wo sie dann erscheinen sollen:*

Ich weiß nicht, wie ich die Ihnen zugesandten Skizzen überschreiben soll. Ich hatte die kühne Absicht, eine Gesamtüberschrift zu geben: Rußland. Eindrücke eines, der vorübergeht – aber das wird wohl zu anspruchsvoll klingen.

Ich sage absichtlich «eines, der vorübergeht» und nicht «eines Vorübergehenden»: Mir scheint, ein Vorübergehender läßt keine Spur von sich zurück, während einer, der vorübergeht, in gewissem Maße eine handelnde Person ist, nicht nur eine, die Eindrücke vom Leben und Treiben sammelt, sondern die auch etwas Bestimmtes tut ...

Ich plane eine Reihe ähnlicher Skizzen wie diese, ich möchte in ihnen einige Eigenschaften der russischen Psyche und die typischsten Stimmungen der russischen Menschen, wie ich sie verstanden habe, umreißen.

*Nach zweijährigen Wanderungen und einem Aufenthalt in Tiflis, wo er seine erste Novelle veröffentlicht hat, kehrt er nach Nishnij zurück. Es ist der Herbst 1892. Er ist nicht mehr allein: Eine Frau ist in sein Leben getreten.*

Bis dahin hatte ich die Frauen nicht anders gesehen als in harter Sklavenarbeit, in Schmutz, in Ausschweifung, in Elend, soweit sie nicht halbtot gefüttert waren von Gewöhnlichkeit und Befriedigung. Ich bewahrte seit meiner Kindheit ein einziges Bild der Schönheit – die Königin Margot –, aber davon trennte mich ein ganzes Gebirge andersartiger Eindrücke. Ich glaubte, daß meine Novelle von Isergíl den Frauen gefallen würde, ihnen Durst nach Freiheit und Schönheit einflößen würde. Und statt dessen war die, die mir am nächsten stand, überhaupt nicht berührt worden von der Erzählung, sie war eingeschlafen!

Warum? War die Glocke, die das Leben mir in die Brust gelegt hatte, nicht mächtig genug?

Mein Herz hatte diese Frau an Stelle einer Mutter erwählt. Ich hoffte, daß sie mich mit berauschendem Honig tränken werde, daß sie meine Kräfte wecken und die Brutalität, die ich auf den Straßen des Lebens angenommen hatte, mildern werde.

Das ist nun dreißig Jahre her, und ich denke heute mit Lächeln daran zurück. Aber damals hatte ich große Mühe anzuerkennen, daß ein menschliches Wesen ein Recht auf den Schlaf hat, wenn es seiner bedarf.

*In Nishnij führt Gorki das aufreibende Leben eines Durchschnittsjournalisten. Viele Jahre später hat er sein Porträt aus dieser schwierigen Zeit entworfen. Er hat sich übrigens dabei im Datum geirrt. Er war damals nicht 21, sondern bereits 24 Jahre alt.*

Ich bin 21 Jahre alt. Ich fühle mich unwohl und eingeengt auf der Erde. Wie ein Wagen, der mit allen möglichen alten Sachen übervoll beladen ist und von einer unsichtbaren Kraft auf eine unbekannte Straße gezogen wird, warte ich darauf, an jeder Wegbiege umzuwerfen.

Ich beschäftige mich viel und hartnäckig mit mir selbst, indem ich versuche, einen möglichst festen Stand zu gewinnen zwischen den absurden und schmerzlichen Widersprüchen, die mich von allen Seiten bestürmen, mich schlagen und mich manchmal in einen krankhaften Zustand versetzen, der einem wütenden Wahnsinn nahekommt. Vor etwa anderthalb Jahren hatte ich mich so erschöpft gefühlt von diesem

*Als 29jähriger in Saratow*

Hin und Her, daß ich versuchte, mich umzubringen. Mit einem schweren, abscheulichen Revolver habe ich mir eine Kugel in die Brust gejagt. Nach diesem stumpfsinnigen und ekelhaften Seitensprung empfand ich Antipathie und beinahe Verachtung gegen mich selbst.

Jetzt wohne ich im Garten eines besoffenen Popen, in einer Bude, die an den oberen Rand eines dreckigen Hohlweges angeklebt ist. Diese Bude war ehemals ein Badehäuschen. Ein traniger Geruch von Seife und fauligen Reisigbesen vergiftet das Blut. Die beiden Räume sind durch und durch vereist. Sogar die Mäuse leiden unter der Kälte und fühlen sich nicht wohl: Nachts klettern sie in mein Bett.

Die Bude ist von undurchdringlichen Himbeersträuchern umgeben, die völlig in ihren wilden Zustand zurückgekehrt sind. Bei schlechtem Wetter schlagen ihre starren Zweige an die Fenster und zerren an den schwarzen, verzogenen Planken der Wände. Ich lebe ärmlich, wie ein

Einsiedler, nähre unklare Träume von einem anderen, lichten und leichten Leben, von ritterlicher Liebe, von Taten voller hoher Selbstverleugnung. In dem schlechten kleinen Provinzblatt veröffentliche ich stotterhafte Erzählungen, es fällt mir gewiß schwer, sie zu veröffentlichen, gewiß beleidige ich damit die Literatur, die ich leidenschaftlich liebe wie eine Frau. Trotzdem veröffentliche ich sie, denn man muß etwas essen.

*Er findet sich auf einer Abendvorstellung der örtlichen Intelligenz wieder.*

Ich kann mich nicht so leicht und gerade bewegen wie sie; mein langer, ungefüger Körper ist entsetzlich schwerfällig, meine Arme sind mir im Wege, dauernd stoßen sie an irgend jemand oder irgend etwas. Vor allem vor den Frauen habe ich Angst, und diese Angst steigert meine Ungeschicklichkeit, ich puffe die armen Damen mit den Ellbogen, mit den Knien, mit den Schultern. Mein Gesicht spiegelt alle meine Gedanken; das ist sehr unbequem; um diesen Mangel zu verbergen, lege ich die Nase in Falten und mache Grimassen. Alles in allem, unter den wohlerzogenen Leuten wirke ich peinlich.

Zu allem Überfluß möchte ich ihnen ständig unbedingt erzählen, daß ich ein anderes Leben kenne, das dem ihren in einer besonders verteufelten Weise ähnlich sieht und doch vollkommen davon verschieden ist. Aber ich erzähle grob und ungeschickt. O wie elend fühle ich mich an den Sonnabenden bei Schámow!

*Aber seine Zeitungsberichte und seine Novellen bringen ihm zunächst einen Namen, dann auch Erfolg ein. Die Briefe Gorkis an Tschéchow unterrichten uns am besten über seinen inneren Zustand in jener Zeit, wo er begann, als Schriftsteller bekannt zu werden. Hier gibt sich dieser unendlich schamhafte Mensch um so eher preis, als er Tschéchow noch nie gesehen hat. Aber er ist ihm zutiefst verbunden. Tschéchow seinerseits ist zweifellos der Mensch, der Gorki am besten verstanden hat, und seine Briefe helfen uns, ihn zu verstehen. Tschéchow ist lungenkrank und hält sich in Jalta auf. Gorki datiert seine Briefe nur selten – die annähernden Daten sind von seinen Biographen ermittelt.*

Níshnij Nówgorod, November 1898
Nehmen Sie es mir nicht übel, wenn ich irgend etwas nicht so gesagt habe, wie es hätte sein müssen. Ich bin ein sehr unbeholfener und grober Mensch, und meine Seele ist unheilbar krank. Wie es sich übrigens für die Seele eines denkenden Menschen auch gehört.

*Und da er auf die Meinung des älteren Schriftstellers gedrungen hatte, war Tschéchow mit höchster Rücksichtnahme zu Werke gegangen und hatte ihm seinen Mangel an Mäßigung, an Anmut und seine Brutalität, sein banal-romantisches Vokabular vorgehalten.*

Níshnij Nówgorod, Dezember 1898

Herrlich haben Sie geschrieben, Antón Páwlowitsch, und treffend, richtig haben Sie das gesagt über die hochgestochenen Worte. Die kann ich einfach nicht aus meinem Lexikon herausschaffen. Und dann habe ich es immer etwas eilig, feile meine Sachen nicht richtig aus, das schlimmste aber ist – ich lebe ausschließlich von meinem literarischen Verdienst. Weiter kann ich nichts.

Ich bin Autodidakt und 30 Jahre alt. Ich glaube nicht, daß ich besser werde, als ich bin, und – möge Gott geben, daß ich auf der Stufe, die ich erstiegen habe, verbleibe; das ist nicht hoch – aber es reicht für mich. Und überhaupt bin ich ja eine uninteressante Figur.

Anders ist die Sache bei Ihnen – einem unerhört kraftvollen Talent . . .

*Herbst 1899. Der Erfolg Gorkis wächst. Er begibt sich, von den Verlegern gerufen, nach Petersburg. Hier die Beschreibung, die er viele Jahre später von seinem ersten Aufenthalt in Petersburg gegeben hat. (Es handelt sich allerdings um das Jahr 1899, nicht 1901; Gorki ist in seiner Datierung äußerst nachlässig.)*

1901 kam ich zum erstenmal nach Petersburg, einer Stadt mit graden Straßen und unbestimmten Menschen. Ich war «im Schwange», eine Beute des «Ruhmes», was mich hinderte, vernünftig zu leben . . . Offenbar war es mir äußerst angenehm, das wohlwollende Lächeln der Damen hinzunehmen und die beinahe anbetenden Blicke der jungen Mädchen, und sehr wahrscheinlich ähnelte ich, wie alle jungen Leute, die vom Erfolg schwindlig werden, einem Truthahn.

Aber nachts, wenn ich mit mir allein war, konnte es geschehen, daß ich mir plötzlich wie ein Verbrecher vorkam . . ., den jeder im Grunde seines Verbrechens überführen wollte . . . es konnte geschehen, daß ich mir wie ein Schüler vorkam, der zu einer öffentlichen Prüfung in allen Fächern bestellt war.

– Welches ist dein Credo? fragten mich die Kenner der heiligen und geheimen Bücher und die Priester der Tempel.

Da ich von Natur freundlich war, ließ ich diese Befragungen über mich ergehen und legte eine Geduld an den Tag, über die ich selber erstaunt war, aber nach dieser Wortfolter bekam ich Lust, die Isaakskathedrale mit dem Turm der Admiralität zu durchstechen oder sonst eine ähnliche wahnwitzige Tat zu begehen.

Hinter der fast immer übertrieben freundlichen Anteilnahme der Russen verbirgt sich eine Art von bübischer Verschlagenheit. Diese

Eigenschaft – ist es eine Aushorchmethode? – äußert sich auf verschiedene Weise, am häufigsten aber durch das Bestreben, in die Seele des Nächsten wie in eine Jahrmarktsbude einzudringen, einen Blick auf die Taschenspielertricks zu werfen, die dort ausgeführt werden, in die Seele des andern einzudringen, ohne sich die Füße zu beschmutzen, hier herumzustöbern, sie mit Lappalien zu verringern, irgend etwas hineinzuwerfen und schließlich, nach dem Beispiel des Thomas, die Finger in die Wunden zu legen, wobei man ohne Zweifel der Meinung ist, der Skeptizismus eines Apostels sei an Wert der Neugier eines Affen gleich.

*Und hier sein literarisches Glaubensbekenntnis:*

An Tschéchow,                                Níshni Nówgorod, Januar 1900
   Ich lebe unmöglich, wie immer, ich fühle mich verzweifelt aufgeregt . . . Ich habe Ihre «Dame» gelesen. Wissen Sie, was Sie tun? Sie ermorden den Realismus. Und Sie werden ihn endgültig ermorden, auf lange Zeit hinaus. Diese Form hat ihre Zeit abgelebt – das steht fest! Weiter als Sie kann niemand auf diesem Wege gehen, niemand kann so einfach von so einfachen Dingen schreiben, wie Sie es verstehen. Nach der unbedeutendsten Ihrer Erzählungen scheint alles grob, nicht als ob es mit der Feder, sondern gerade als ob es mit einem Aststumpf geschrieben wäre. Und, das Wichtigste: alles scheint nicht einfach, d. h. nicht mehr wahr. Und das stimmt . . . Also, Sie drehen dem Realismus den Hals um. Ich bin darüber äußerst froh. Es reicht! Zum Teufel mit ihm!
   Es ist doch wahr – es ist die Zeit gekommen, die das Heroische braucht: Alle wollen Aufweckendes, Buntes, so etwas, wissen Sie, das nicht dem Leben ähnlich wäre, sondern das höher wäre, besser, schöner. Es ist unbedingt nötig, daß die jetzige Literatur beginnt, das Leben etwas schöner zu färben, und wenn sie nur damit anfängt, wird das Leben schönere Farben gewinnen, d. h. die Menschen werden schneller, bunter zu leben beginnen. Aber jetzt – Sehen Sie sie doch mal an, was sie für ekelhafte Augen haben, langweilig, trübe, erfroren.

# Der Autor und sein Publikum

*Nach seiner Rückkehr aus Petersburg hatte Gorki ein Pamphlet geschrieben: «Über einen von Eitelkeit geblähten Schriftsteller». Vom Teufel getrieben, denkt ein erfolgreicher Autor über diejenigen nach, die ihn beweihräuchern – und wählt sein Publikum.*

Es ist nicht gut, daß ein Schriftsteller viele Bewunderer hat. Jeder Mensch, der es mit der «Öffentlichkeit» zu tun hat, tut gut daran, die Luft mit Karbol und Wahrheit zu desinfizieren.

*Seine Bewunderer sind nicht das Volk,*

. . . das immer bereit ist, alle Künste gegen einen Sack Mehl einzutauschen, sondern es sind die wohlerzogenen Abkömmlinge des Judas Ischariot, des Ignaz von Loyola und aller derer, die Christus verkauft haben.

– Meine Herrschaften, (sagt der Schriftsteller), ich glaube an Ihre Aufrichtigkeit, nur verstehe ich nicht recht, wodurch ich eine solche Sympathie erwecken konnte. Manchmal, ich gestehe es, kommt es mir vor, als ob Sie mich liebten, weil ich keine Weste trage und weil ich häufig derbe Worte in meinen Erzählungen brauche . . . Ein echter Leser weiß, daß der Mensch, der das schreibt, unwichtig ist, daß einzig sein Geist zählt, und er bestaunt ihn nicht wie ein Kalb mit zwei Köpfen. Er liest ihn ohne vorgefaßtes Vertrauen, er denkt nach, ist frei, und sagt: «Das ist wahr, und das nicht.» Wenn er überlegt hat, handelt er, und sein Handeln wird Geschichte. Aber Sie, meine Herrschaften, Sie machen keine Geschichte, sondern Skandalgeschichten. Es gibt wenig wahre Leser auf der Welt, und Sie, Sie sind keine Leser, sondern die Menge.

Wieviel wahrhafte Menschen gibt es unter Ihnen? Vielleicht finden sich fünf unter tausend, die leidenschaftlich glauben, daß der Mensch Schöpfer und Herr des Lebens ist, und daß sein Recht, zu denken, zu sprechen, sich frei zu bewegen, ein heiliges Recht ist. Vielleicht sind nur fünf unter tausend fähig, für dieses Recht zu kämpfen und ohne Zittern in diesem Kampf zugrunde zu gehen. Der größte Teil von Ihnen sind Sklaven des Lebens oder seine zynischen Herren, und alle, so viele Sie sind, sind niedliche Kleinbürger, die provisorisch den Platz wahrhaftiger Menschen einnehmen. Was Sie an Menschlichem zu haben scheinen, ist nicht mehr als das Zoologische. Ich sehe Ihre stumpfen, ängstlichen Augen an, und ich sehe mit Beruhigung, wie wenige mutig, wie wenige ehrenhaft sind! Wie arm ist mein Land an unerschütterlichen Menschen, und doch wird die Stunde kommen, wo es Helden braucht!

Ein guter Mensch, ein lebendiger Mensch sucht immer irgend etwas. Aber Sie, Sie leben geruhsam, gelehrig, unbeweglich, wie man es Ihnen befohlen hat. Sie leben in der Enge, zu faul, um nachzudenken, zu ängstlich, um aufzubegehren . . . Wenn der Wind der Felder in die Abgeschlossenheit Ihrer Fuchsbauten neue und frische Gerüche bringt, schließen Sie Ihre Klappfensterchen aus Angst, einen Herzanfall zu bekommen. Sie lieben es nicht, gestört zu werden, Sie haben

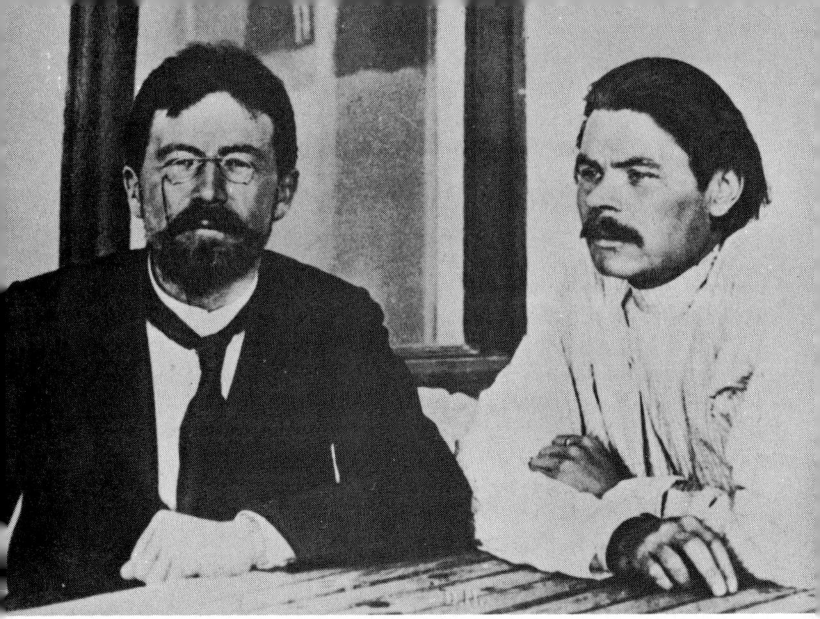

*Mit Tschéchow, 1900*

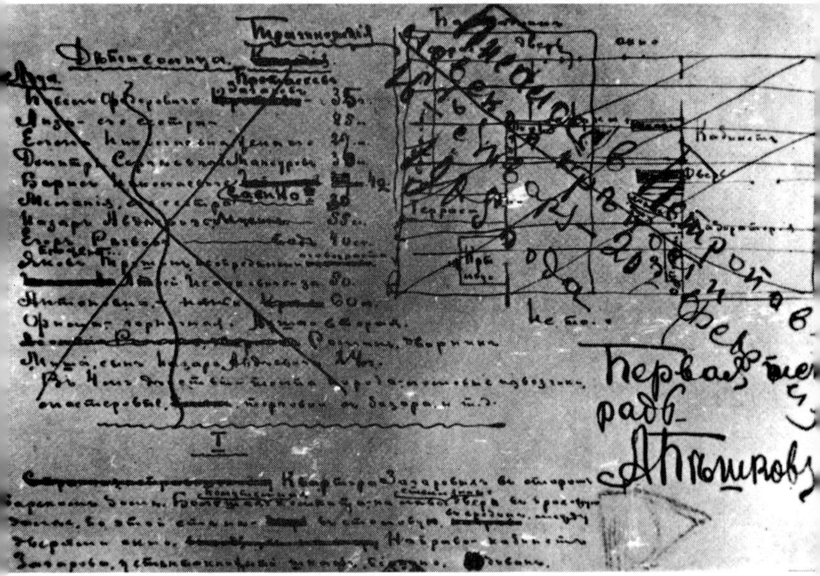

*Die erste Manuskriptseite von «Kinder der Sonne». Rechts eine handschriftliche Notiz Gorkis: «Geschrieben in der Peter-Pauls-Festung zwischen dem 16. Januar und dem 20. Februar 1905. Erstes Heft. A. Peschków.»*

Angst, gestört zu werden! Aber weil Sie etwas brauchen, um Ihre Unterhaltung in Gang zu bringen, strecken Sie die Hand aus nach der Literatur wie die Bettler vor der Kirche.

Das Leben ist das Heldengedicht des Menschen, der sein Herz sucht, ohne es zu finden, der alles wissen will, ohne es je zu können, der hofft, stark zu werden, ohne daß er seine Schwäche besiegen könnte . . . Aber Sie, Sie wollen nichts als Sicherheit, im Warmen leben, Vergewaltigung und Ausschweifung mit Frauen unter der Tünche der Liebe; Ihr Glück ist, angenehm, fein, im stillen zu leben.

Ach, wie gern sind Sie unglücklich! Ich glaube, Sie handeln mit Berechnung; nichts in Ihnen ist wert, Ehrfurcht oder Liebe zu wecken, und deshalb eben machen Sie sich unglücklich, bewußt, um Mitleid und Sympathie zu provozieren: Billige Illusionen!

*Der Schriftsteller hat sein Publikum gewählt: Er ist in den Krieg einge-treten gegen die «schwammige demokratische Intelligenz». Die Charak-teristik ihres Geistes gibt er in seinen berühmten «Notizen über das Spießbürgertum».*

Die abscheulichsten Formen des Verhaltens der Spießbürger zum Volke haben sich in unserem unseligen Lande ausgebildet. Sicher gibt es auf der Erde kein anderes Land, wo die herrschenden Klassen so eifrig und viel vom Volke schreiben wie bei uns. Und sicherlich hat keine Literatur der Welt, außer der russischen, ihr Volk so süßlich-widerlich beschrie-ben und sich an seinen Leiden so verdächtig begeistert.

Wenn man einen Menschen quält, und er, voller Verachtung für seine Henker, mannhaft schweigt, so ist das schön, das weckt eine begeisterte Verehrung für den Märtyrer und ist zweifellos ein schönes Thema für einen Dichter . . .

Aber wenn man den russischen Mushík in die Fresse schlägt, ihn mit Ruten prügelt, ihm die Rippen bricht, und er, der sich doch kaum etwas hat zuschulden kommen lassen, stöhnt: Ich will's nicht wieder tun – so ist daran wenig Menschliches und überhaupt keine Schönheit. Das muß Zorn und Haß gegen die Macht aufrufen, die das Volk unterjocht, das muß den leidenschaftlichen, unbeugsamen Wunsch wecken, die finstere und luftarme Kaserne, in der unsere Heimat schmachtet, zu zerstören und umzubauen.

Die russische Literatur hat mit trauriger Zärtlichkeit zugesehen, wie die blinde Macht der Obrigkeit, durch ihre Straflosigkeit entfesselt, das russische Volk vergewaltigt, wie sie mit aller Kraft diese ewige Energiequelle mit Aberglauben vergiftet, diese Quelle, deren sich ohne jedes Recht alle bedienen, wie der Boden ausgelaugt wird, der allen Brot und Blumen bringt, sie schaute dieses Verbrechen gegen das Leben ihrer Heimat an und seufzte lyrisch:

Heimatland der Langmut,
Land du des russischen Volkes!

Unsere Literatur ist durchweg ein Hymnus auf die Langmut des russischen Menschen, sie ist ganz durchsetzt mit einer stillen Begeisterung vor dem Märtyrer-Mushík voll von Verwunderung vor seiner unmenschlichen Leidensfähigkeit . . .

Und immer fühlt man in der Haltung des russischen Schriftstellers seinen bäuerlichen Helden gegenüber eine Art Zufriedenheit, sie so nichtig, weich, gutmütig und leidensfähig zu sehen . . .

Bewußt oder unbewußt, aber immer gleichmäßig beständig, zeichnete die adelige Literatur das Volk als geduldig-gleichgültig gegenüber der Ordnung seines Lebens, immer beschäftigt mit Gedanken an Gott und die Seele, erfüllt von Wünschen nach einem inneren Frieden, kleinbürgerlich mißtrauisch gegen alles Neue, bis zum Ekel gutmütig und ohne Bosheit, bereit, allen zu verzeihen, als einen stupsnäsigen Idealisten, der noch lange, lange Zeit fähig wäre, allen, die es brauchten, zu dienen.

Tolstói und Dostojéwski, zwei der größten Genies, haben mit der Kraft ihres Talents die Welt erschüttert, sie haben die überraschte Aufmerksamkeit Europas auf Rußland gelenkt, beide sind als Gleiche in die Reihen derer eingetreten, die da heißen: Shakespeare, Dante, Cervantes, Rousseau und Goethe. Jedoch haben sie ihrem finsteren, unglücklichen Lande einen schlechten Dienst erwiesen.

Das war gerade die Zeit, da die Reaktion triumphierte. Als die Besten fielen, rief Dostojéwski, statt das Vaterland mit Widerstandsgeist zu beleben, der russischen Gesellschaft in seiner Rede zur Enthüllung des Púschkin-Denkmals zu:

«Dulde! Halte aus!»

Tolstói seinerseits sagte: «Vervollkommne dich selbst!», und er fügt hinzu: «Wehre dem Bösen nicht mit Gewalt!»

Es ist etwas deprimierend Abscheuliches und Beschämendes, es ist etwas, was böswilligem Spott nahekommt, in dieser Predigt der Geduld und des Nichtwehrens gegen das Böse. Denn da lebten nun zwei der größten Genies der Welt in einem Lande, wo die Vergewaltigung der Menschen schon Ausmaße angenommen hatte, die durch ihren sadistischen Zynismus verblüfften. Die Willkür der Obrigkeit, berauscht durch die Straflosigkeit, verwandelte das ganze Land in ein finsteres Gelaß, wo die Diener der Obrigkeit, vom Gouverneur bis zum Unteroffizier, auf die schändlichste Weise Millionen von Menschen plünderten und quälten und sich an ihren Qualen weideten, wie eine Katze mit einer gefangenen Maus tut.

Ich erwarte, daß die Götzenanbeter mir zuschreien:

«Wie? Tolstói? Dostojéwski?»

Ich beschäftige mich nicht mit der Kritik der Werke dieser großen Künstler, ich enthülle nur die Spießbürger. Ich kenne keine schlimmeren Feinde des Lebens als sie. Sie wollen den Folterknecht mit dem Märtyrer aussöhnen und wollen sich rechtfertigen für ihre Sympathien zu den Folterknechten, für ihre Unempfindlichkeit gegen die Leiden der Welt . . .

Das ist verbrecherische Bemühung . . .


# Gorki gegen den Westen

*Nach seiner aktiven Teilnahme an der Revolution von 1905 flieht Gorki, von der Polizei verfolgt, in den ersten Tagen des Jahres 1906 aus Rußland. Seine Ankunft in Frankreich trifft zeitlich zusammen mit einer Werbeaktion der Petersburger Regierung, die sich bei den westlichen Mächten um ein Darlehen bemüht. Gorki betreibt eine aktive Propaganda gegen dieses Darlehen. Da die französischen Bankiers, von der Regierung unterstützt, das Darlehen dennoch gewähren, läßt er im Sommer 1906 ein flammendes Pamphlet erscheinen: «Das schöne Frankreich». (Das Wort ist im Russischen wie im Französischen ein Femininum, was den Vergleich mit einer Frau im folgenden erleichtert.)*

*Der Schriftsteller irrt lange durch Paris auf der Suche nach «dem schönen Frankreich». Endlich findet er es (sie) in seinem traurigen Asyl: einem Polizeikommissariat am Pont Alexandre III.*

Am Eingang, durch den ich eintrat, standen zwei Soldaten in Hosen, die aus der roten Fahne der Freiheit geschneidert waren. Über der Tür waren Stückchen einer Inschrift erhalten geblieben, man konnte nur noch entziffern: «Frei . . . Gl . . . B. ü . . .» Das erinnerte an die Bande von Bankiers (im Russischen sind die Buchstaben swo . . ra .b.a . . ., woraus Gorki liest swóra Bankírow = Bande der Bankiers), die das Land in Schande gestürzt hatten, das Land von Béranger und George Sand. Ringsum schwebte ein Geruch von Schimmel, Fäulnis und Sittenverderb . . .

Mein Herz schlug heftig. Hatte ich doch, wie alle Revolutionäre, in den Tagen meiner Jugend diese Frau geliebt, die selbst aufrichtig und viel zu lieben und eine so schöne Revolution zu machen verstand . . . Die Wände dieses Zimmers waren beklebt mit bunten Werbeplakaten für die Rußlandanleihe; auf dem Fußboden lagen Häute der Eingeborenen aus den Kolonien, auf denen artistisch die «Deklaration der Menschenrechte» eingraviert war. Die Möbel, die aus den Knochen des Volkes gemacht waren, das auf den Barrikaden von Paris im Kampf für die Freiheit Frankreichs zugrunde ging, waren bespannt mit dunklem Stoff, auf dem der Text des Bündnisvertrages mit dem russischen Zaren eingestickt war. An den Wänden hingen die Wappen der europäischen Staaten: die gepanzerte Faust Deutschlands, die Galgenschlinge und Knute Rußlands, die Bettlertasche Italiens, das Wappen Spaniens – die schwarze Soutane eines katholischen Pfaffen und seine beiden knöchernen Hände, die sich gierig in die Kehle des Spaniers verkrallten. Ebendort war auch das Wappen Frankreichs – der Fettbauch eines Bourgeois, mit einer zerkauten phrygischen Mütze darin . . .

*Das schöne Frankreich tritt ein und schaut den Besucher*

durch ihre Wimpern hindurch mit den Augen einer Männerkennerin an.

– Sprechen Sie Französisch? – fragte sie, indem sie meinen Gruß mit der Geste einer Schauspielerin beantwortete, die schon längst aufgehört hat, Rollen von Königinnen zu spielen.

    – Nein, gnädige Frau, ich spreche nur die Wahrheit! antwortete ich . . .

*Nach einer Unterhaltung mit «dieser feigen und zynischen Kokotte» zieht sich der Schriftsteller zurück.*

Ich ging durch die Straßen von Paris, und mein Herz sang Frankreich eine Hymne . . .

    Wer hat dich denn nicht geliebt mit ganzem Herzen am Morgen seiner Tage?

    In den Jahren der Jugend, wo die Seele des Menschen das Knie beugt vor den Göttinnen der Schönheit und der Wahrheit – erschienst nur du dem Herzen als lichter Tempel dieser Göttinnen, o großes Frankreich!

    Frankreich! Dieses teure Wort klang für alle, die ehrenhaft und kühn waren, wie der geliebte Name einer leidenschaftlich verehrten Braut. Wieviel große Tage gibt es in deiner Vergangenheit! Deine Schlachten sind die großen Feiertage der Völker, und deine Leiden ihre großen Lehren . . .

    Frankreich! Du warst der Glockenturm der Welt, von dessen Höhe einstmals über die ganze Erde hin drei Glockenschläge der Gerechtigkeit hallten, drei Schreie erklangen, die den jahrhundertelangen Schlaf der Völker aufweckten – Freiheit, Gleichheit, Brüderlichkeit!

*Und jetzt . . .*

Alle deine besten Kinder sind nicht mehr mit dir . . . die von den Bankiers ausgehalten wird . . . Du, Mutter der Freiheit, du, Jeanne d'Arc, hast den Bestien Gewalt gegeben, auf daß sie noch einmal versuchen, die Menschen zu zermalmen.

Großes Frankreich, einstmals kultureller Führer der Welt, begreifst du die ganze Ekelhaftigkeit deines Tuns?

Deine käufliche Hand hat für eine Zeit einem ganzen Lande den Weg zu Freiheit und Kultur verschlossen. Und wenn diese Zeit auch nur ein Tag wäre, so würde dein Verbrechen dadurch nicht geringer. Aber du hast die Bewegung zur Freiheit nicht nur für einen Tag aufgehalten. Mit deinem Gold wird aufs neue das Blut des russischen Volkes vergossen werden.

Meine Geliebte!

Laß auch mich dir Blut und Galle in die Augen speien!

*Die französischen Journalisten sind beleidigt und überschütten Gorki mit Vorwürfen. Er nimmt ihre Angriffe erst später zur Kenntnis, als er aus den USA zurückkehrt, und antwortet ihnen in der «Humanité» vom 11. Dezember mit zwei Briefen unter der Überschrift «An meine Verleumder». Der erste Brief, in gemäßigtem Ton, ist an den Historiker Aulard gerichtet, dessen Unterschrift Gorki unter den Artikeln seiner Gegner «mit Erstaunen und Trauer» gefunden hatte.*

Ihr Buch über die Tage des epischen Kampfes des französischen Volkes gegen die Gewaltherrschaft wird vom russischen Proletariat gelesen; daran lernt es, für die Freiheit zu sterben, die ihm so nötig ist wie die Luft . . .

Ohne dies verfluchte Geld wäre nicht so viel und nicht so viehisch Blut des russischen Volkes vergossen worden. Und ob Sie es wollen oder nicht, das Blut wird ein Schandmal auf dem Gesicht des französischen Bourgeois und der französischen Regierung bleiben, die diese Judas-Anleihe gewährt hat.

Sie sind offenbar der irrigen Ansicht, daß ich meinen Vorwurf ganz Frankreich ins Gesicht geschleudert habe. Weshalb muß ich für so naiv gelten? Ich weiß, daß das Volk nie verantwortlich ist für die Politik der herrschenden Klassen und der Regierung, ihres getreuen Lakaien. Ich kenne besonders das französische Volk, ich weiß, wie es in Europa die Freiheit gesät hat, ich weiß, daß es bewußt nicht gegen sie vorgehen wird. Aber, wie immer, wird das Volk betrogen und beschämt von den Leitern seines Lebens – ihnen gelten meine Verfluchungen, wer sie auch sein mögen – Deutsche, Engländer, Franzosen, Könige, Bankiers, Journalisten.

Ich sprach an die Adresse des Frankreich der Banken und Finanziers, des Frankreich des Polizeireviers und der Ministerien, ich spie dem Frankreich ins Gesicht, das E. Zola bespien hatte . . .

Die russische Revolution wird sich langsam und lang entwickeln, aber sie wird mit dem Siege des Volkes enden . . . Wenn die Macht in den Händen des Volkes sein wird, wird man es erinnern an die französischen Bankiers, die das Haus Románow in seinem Kampf gegen die Freiheit, gegen das Recht und die Wahrheit unterstützen.

*Und er schließt mit den prophetischen Worten:*

Ich bin überzeugt, daß das russische Volk den Bankiers Frankreichs die Anleihe nicht zurückzahlen wird, die es schon mit seinem Blut bezahlt hat.
    Es wird sie nicht zurückzahlen!

*Der zweite Brief, im Tone schärfer, richtet sich «an die Herren Gérault-Richard, René Viviani, Jules Claretie und andere Journalisten Frankreichs»:*

Ich habe mich mit den Geisern an Eloquenz bekannt gemacht, die in Ihren Tintenfässern mein Artikel ausgelöst hat über die Anleihe, die von der Regierung und den Finanziers Frankreichs an Nikolái Románow gegeben wurde zur Ermöglichung blutiger Exekutionen, zur Einrichtung von Standgerichten und aller erdenklichen Bestialitäten, ich habe mich mit Ihren Einwendungen bekannt gemacht und – beglückwünsche Sie nicht dazu!
    Das Bündnis mit der russischen Regierung kommt Ihnen zupaß: Sie sind mit der Logik, der Wahrheit und der edlen französischen Sprache umgegangen wie Kosaken mit Frauen. Die Gewaltanwendung (das russische Wort kann sowohl Vergewaltigung als auch Tyrannei heißen) ist auch deshalb, wie Sie sehen, ekelerregend, weil sie sogar außenstehende und gleichgültige Beobachter verdirbt, wie es mit Ihnen geschehen ist.
    Ich werde nie auf persönliche Ausfälle gegen mich antworten, und je gröber sie sind, um so schneller vergißt man sie, aber, meine Herren, Sie beschuldigen mich der Undankbarkeit – und ich muß mich erklären.
    Sie sagen: «Wir traten für Gorki ein, als er im Gefängnis saß, und er . . .»
    Ich erlaube mir, Ihnen einen guten Rat zu geben: Wenn Sie irgendeinmal, aus Unvorsichtigkeit oder einem anderen Grund, Ihren menschlichen Gefühlen freien Lauf gelassen haben, rühmen Sie sich dessen nicht! Das ist nicht schön . . .
    «Ich war gut zu dir – du mußt mir dafür mit Dankbarkeit zahlen!» So klingt es aus Ihren Worten. Aber ich fühle keine Dankbarkeit, und Ihre Güte halte ich für ein Mißverständnis.
    Ich bin nicht der Märtyrer und Leidensmann, als den Sie mich

unbedingt darstellen möchten, ich bin einfach ein Mensch, der überzeugt seine kleine Sache tut, der in seiner Arbeit völlige Befriedigung findet; und wenn man mich dafür einmal kurze Zeit ins Gefängnis sperrte – so habe ich mich dort von meiner natürlichen Ermüdung erholt, ohne besondere Unbequemlichkeit zu empfinden, von Leiden ganz zu schweigen.

Vom Standpunkt des gesunden Menschenverstandes aus müßten Sie, meine Herren, wünschen, daß ich möglichst oft und lange im Gefängnis säße, und wenn Sie dagegen protestieren, so bringt mich ein solches Verhalten – entschuldigen Sie – zum Lachen.

Denn wir sind Feinde, und unversöhnliche, davon bin ich überzeugt. Ein ehrlicher Schriftsteller ist immer der Feind der Gesellschaft und ein noch größerer Feind derer, die Gier und Neid, diese hauptsächlichen Grundlagen der heutigen Gesellschaftsorganisation, verteidigen und rechtfertigen.

Und dann sagen Sie noch: «Wir lieben Gorki, und er . . .»

Meine Herren! Ich sage Ihnen aufrichtig: Für mich als Sozialisten ist die Liebe eines Bourgeois tief beleidigend!

Ich hoffe, daß diese Zeilen genau genug und für immer unsere gegenseitigen Beziehungen festlegen werden.

*Gorki begibt sich in die Vereinigten Staaten als revolutionärer Propagandist, immer noch mit der Aufgabe betraut, die öffentliche Meinung gegen jede finanzielle Hilfe an die zaristische Regierung aufzubringen. Das bewegt den russischen Botschafter, dieser Aktion zu begegnen. Dem Botschafter gelingt nichts weiter, als die amerikanische Prüderie gegen Gorki zu mobilisieren, indem er bekannt werden läßt, daß seine Begleiterin, Frau Márja Andréjewa, nicht seine legitime Frau ist. Die Hotels verschließen ihm ihre Türen. Gorki erzählt später . . .*

. . . den kleinen, von den Amerikanern inszenierten Skandal. Aus zwei Hotels verjagt, stellte ich mich mit meinen Koffern auf der Straße auf und harrte der Dinge, die da kommen sollten. Ich wurde von einer Gruppe von etwa fünfzehn Reportern umringt. In ihrer amerikanischen Manier waren das brave Burschen, sie sympathisierten mit mir und schienen mir sogar etwas betroffen . . . Einer von ihnen begriff, daß ich nichts besser gebrauchen konnte als die Fortsetzung des Skandals *(und interessierte einige junge Schriftsteller für die Angelegenheit)* . . . Von der Straße wurde ich in ihren Club geleitet. Das war eine Räumlichkeit, die von einer «Kommune» von fünf literarischen Debütanten bewohnt wurde. Die Frau von Leron Scott, eine russische Jüdin, besorgte die Verpflegung. Am Abend versammelten sich in dem geräumigen Vestibül des «clubs», vor dem Kamin, junge Schriftsteller und Reporter, und ich erzählte ihnen von der russischen Literatur und der russischen Revolution, von der Erhebung in Moskau. (N. E. Bu-rénin, Mitglied der Stoßorganisation des bolschewistischen Zentralko-mitees, Frau Scott und Frau M. F. Andréjewa übersetzten meine Worte ins Englische.) Die Journalisten hörten zu, machten Notizen und sagten seufzend mit sichtlichem Bedauern:

– Das ist verteufelt interessant, aber das ist nichts für unsere Zeitun-gen . . . *(Über die bürgerliche Presse)*

*Gorki ist von diesem Skandal angeregt worden zu einer Stelle in seinem imaginären Interview mit einem amerikanischen Milliardär, das in der Reihe seiner wütenden Pamphlete gegen die USA veröffentlicht wurde. Der Milliardär erklärt ihm dort:*

Es ist für einen Amerikaner unmöglich, Christus anzuerkennen! Das ist ja ein uneheliches Kind . . . Und in Amerika kann ein uneheliches Kind nicht nur nicht Gott sein, es kann nicht einmal einen leitenden Posten bekleiden. Die gute Gesellschaft würde es nicht aufnehmen. Ein anständiges Mädchen würde es nicht heiraten. Denn wenn wir Christus anerkennen müßten, müßten wir alle Bastarde als gute Men-schen ansehen . . . einschließlich der Kinder eines Negers und einer Weißen. Wie gräßlich!

*(Einer der Könige der Republik)*

# Gorki und Lenin

*Gorki begegnete Lenin in London, im Mai 1907, während des V. Kon-gresses der Sozialdemokratischen Partei.*

Und dieser glatzköpfige, schnarrende, kräftig gebaute Mensch, der sich mit einer Hand die sokratische Stirn strich, mit der anderen meine packte, mit den erstaunlich lebhaften Augen freundlich blinzelnd, fing sofort an, von den Mängeln des Buches *Die Mutter* zu sprechen. Es stellte sich heraus, daß er es im Manuskript gelesen hatte, das er von Ladýschnikow bekommen hatte.

Ich sagte, daß ich es überstürzt geschrieben habe, aber kam nicht dazu, zu erklären, warum ich solche Eile gehabt habe; Lenin nickte bestätigend mit dem Kopf und erklärte es selbst: es sei sehr gut, daß ich mich beeilt habe, das Buch sei notwendig, viele Arbeiter hätten an der revolutionären Bewegung elementar, unbewußt teilgenommen, jetzt werden sie *Die Mutter* mit großem Nutzen lesen.

«Das Buch ist gerade zur rechten Zeit gekommen.» Das war das einzige, aber für mich äußerst wertvolle Kompliment. Dann erkundigte er sich sachlich, ob *Die Mutter* in fremde Sprachen übersetzt werde, inwieweit die russische und amerikanische Zensur das Buch entstellt habe, und als er erfuhr, daß beschlossen worden sei, den Autor vor Gericht zu ziehen, runzelte er zuerst die Stirn, dann warf er den Kopf zurück, schloß die Augen und begann auf eine ganz eigentümliche Weise laut zu lachen . . .

Es schien mir zu Anfang, als ob er schlecht spräche, aber schon nach einer Minute war ich, wie alle, «verschlungen» von seiner Rede. Zum erstenmal hörte ich, daß man über die kompliziertesten Fragen der Politik so einfach reden könne. Der da versuchte nicht, schöne Sätze zu bauen, sondern er brachte jedes Wort auf der flachen Hand dar, indem er erstaunlich leicht seinen genauen Sinn enthüllte. Es ist sehr schwierig, den ungewöhnlichen Eindruck, den er machte, wiederzugeben . . .

Ich erzählte ihm kurz meine Abenteuer in Amerika.

Noch nie habe ich einen Menschen getroffen, der so ansteckend lachen konnte wie Wladímir Iljítsch lachte. Es war direkt seltsam zu sehen, wie ein solcher harter Realist, ein Mensch, der so gut die Unausweichlichkeit der großen sozialen Tragödien sieht, sie so tief fühlt, der unversöhnlich, unerschütterlich ist in seinem Haß gegen die Welt des Kapitalismus, so kindlich lachen kann, bis ihm die Tränen kommen, bis er sich im Lachen verschluckt. Man mußte wohl eine große, kräftige seelische Gesundheit besitzen, um so lachen zu können.

– Ach, Sie sind ja ein Humorist! sagte er lachend. – Das habe ich aber nicht erwartet. Weiß der Teufel, ist das komisch . . .

Und während er die Tränen des Lachens abwischte, sagte er wieder ernst mit einem weichen, guten Lächeln:

– Das ist gut, daß Sie Mißerfolge humoristisch nehmen können. Humor ist eine schöne, gesunde Eigenschaft. Ich verstehe Humor sehr, aber ich verfüge nicht über ihn. Und Komisches gibt es im Leben wohl nicht weniger als Trauriges, wahrhaftig, nicht weniger . . .

Ich kann mir keinen anderen Menschen vorstellen, der, während er so hoch über den Menschen steht, sich vor der Lockung des Ehrgeizes bewahren könnte und nicht das lebhafte Interesse für die «einfachen Leute» verlöre.

In ihm war eine Art von Magnetismus, der die Herzen und Sympathien der arbeitenden Menschen zu ihm heranzog . . .

Das Leben ist so verteufelt kunstvoll eingerichtet, daß es, wenn man nicht zu hassen vermag, unmöglich ist, aufrichtig zu lieben. Schon diese eine Notwendigkeit, die den Menschen in der Wurzel verdirbt, die Notwendigkeit der Liebe durch den Haß hindurch bewirkt, daß die heutigen Lebensbedingungen zur Zerstörung verurteilt sind.

In Rußland, einem Lande, wo die Notwendigkeit des Leidens als Allheilmittel zur «Rettung der Seele» gepredigt wird, habe ich keinen Menschen getroffen, der mit solcher Tiefe und Kraft wie Lenin Haß,

*In Amerika, 1906*

*Die Mutter des Fabrikarbeiters Pjotr Salómow*

Abscheu und Verachtung empfunden hätte gegen Unglück, Kummer, Leiden der Menschen . . .

Die russische Literatur ist die pessimistischste Literatur Europas; bei uns werden alle Bücher über ein und dasselbe Thema geschrieben, darüber, wie wir leiden – in der Jugend und im reiferen Alter: unter Mangel an Vernunft, unter dem Joch des Absolutismus, unter den Frauen, unter der Nächstenliebe, unter der schlechten Einrichtung der Welt; im Alter: unter der Einsicht in die Fehler unseres Lebens, unter dem Mangel an Zähnen, unter schlechter Verdauung und unter der Notwendigkeit, zu sterben.

Jeder Russe, der einen Monat «wegen Politik» im Gefängnis gesessen oder ein Jahr in der Verbannung verbracht hat, hält es für seine heilige Pflicht, Rußland ein Buch zu schenken mit den Erinnerungen, wie er gelitten hat. Und noch niemand ist bis heute darauf gekommen, ein Buch darüber zu schreiben, wie er sich sein ganzes Leben lang gefreut hat. Und da der russische Mensch sich daran gewöhnt hat, sein Leben auszudenken – zu gestalten versteht er es nämlich schlecht –, so wäre es sehr wahrscheinlich, daß ein Buch über ein glückliches Leben ihn belehren würde, wie ein solches Leben auszudenken sei.

*Pjotr Salómow aus Ssórmowo: seine Mutter und er sind die
Vorbilder zu Nilówna und Páwel Wlássow, den Helden aus
Gorkis Roman «Die Mutter»*

Für mich ist das ausnehmend Große in Lenin eben dieses Gefühl der
unversöhnlichen, unauslöschlichen Feindschaft gegen jedes Unglück
der Menschen, sein heller, starker Glaube daran, daß das Unglück
nicht eine nicht zu beseitigende Grundlage des Seins ist, sondern eine
Gemeinheit, die die Menschen von sich fortschleudern müssen.

Ich würde diesen Hauptzug seines Charakters den kämpferischen
Optimismus des Materialisten nennen. Eben dieser Zug hat meine
Seele besonders zu diesem Menschen hingezogen.

In den Jahren 1917–1918 waren meine Beziehungen zu Lenin bei
weitem nicht so, wie ich sie zu sehen gewünscht hätte, aber sie konnten
nicht anders sein.

Er ist Politiker. Er verfügt in höchster Vollendung über jene scharf
ausgebildete Geradlinigkeit des Blickes, die der Steuermann eines so
riesigen, schweren Schiffes, wie es unser bleiernes, bäuerliches Rußland ist, unbedingt braucht.

Ich dagegen habe einen organischen Abscheu vor der Politik, und
ich glaube nicht an die Vernunft der Massen überhaupt, und an die
Vernunft der bäuerlichen Masse schon gar nicht. Vernunft, die nicht
von einer Idee organisiert worden ist, ist noch nicht die Kraft, die

151

schöpferisch ins Leben eingeht. In der Vernunft der Masse ist solange keine Idee, als es in ihr keine Gemeinsamkeit der Interessen aller ihrer Einzelteile gibt . . .

Als Lenin nach seiner Rückkehr nach Rußland im Jahre 1917 seine «Thesen» veröffentlichte, dachte ich, daß er mit diesen Thesen die gesamte quantitativ winzige, qualitativ heroische Streitmacht der politisch erzogenen Arbeiter und die ganze wahrhaft revolutionäre Intelligenz dem russischen Bauerntum zum Opfer bringen würde. Diese einzige aktive Kraft Rußlands würde, wie eine Handvoll Salz, in den süßen Sumpf der Provinz, des flachen Landes, geworfen werden und sich dort auflösen, aufgesaugt werden, ohne etwas im Geist, in der Lebensweise, in der Geschichte des russischen Volkes geändert zu haben.

Die wissenschaftliche und technische – überhaupt die qualifizierte Intelligenz, die meiner Meinung nach in ihrem Wesen revolutionär war, und dazu die sozialistische Arbeiterintelligenz, das war für mich die wertvollste Kraft, die in Rußland gesammelt war. Eine andere Kraft, die fähig gewesen wäre, das flache Land zu organisieren, konnte ich im Rußland des Jahres 1917 nicht erkennen. Aber diese Kräfte, die quantitativ nicht zahlreich und durch Widersprüche aufgespalten waren, hätten ihre Rolle nur unter der Bedingung der festesten inneren Einigung erfüllen können. Vor ihnen lag eine grandiose Arbeit: den ländlichen Anarchismus in die Gewalt zu bekommen, den Willen des Mushíks zu kultivieren, ihm vernünftige Arbeitsmethoden beizubringen, seine Wirtschaft umzubilden und durch all dies das Land schnell vorwärtszubringen; all dies ist nur erreichbar, wenn tatsächlich eine Unterordnung der ländlichen Instinkte unter die städtische Vernunft stattfindet. Für die erste Aufgabe der Revolution hielt ich die Schaffung solcher Bedingungen, die zum Anwachsen der kulturellen Kräfte des Landes beitragen würden. Zu diesem Zwecke schlug ich vor, in Capri eine Arbeiterschule zu gründen, und in den Jahren der Reaktion 1907–1913 bemühte ich mich mit aller Kraft und auf jede Weise, den Mut der Arbeiter zu heben . . .

Zur größeren Klarheit sage ich, daß mich mein ganzes Leben lang die Tatsache des erdrückenden Übergewichtes der analphabetischen Provinz über die Stadt, des zoologischen Individualismus des Bauerntums und das fast völlige Fehlen sozialer Empfindungen bei der Landbevölkerung belastet haben. Die Diktatur geschulter Arbeiter im engen Bündnis mit der wissenschaftlichen und technischen Intelligenz war, meiner Ansicht nach, der einzige Ausweg aus der schwierigen Situation, die noch kompliziert wurde durch die infolge des Krieges weiter fortgeschrittene Anarchisierung der Landbevölkerung.

Mit den Kommunisten hatte ich Meinungsverschiedenheiten in der Frage der Bewertung der Rolle, die die Intelligenz in der Revolution

*Gorki auf Capri, 1910*

spielen solle, die doch von eben dieser Intelligenz vorbereitet war, wozu auch alle «Bolschewikí» gehörten, die Hunderte von Arbeitern im Geiste eines sozialen Heldentums und hoher Intellektualität erzogen hatten. Die russische Intelligenz – die wissenschaftliche und die aus Arbeiterkreisen – war, ist und wird noch lange das einzige Zugpferd sein, das vor den schweren Wagen der Geschichte Rußlands gespannt

*In Paris, 1912*

ist. Ungeachtet aller Stöße und Weckrufe, die sie erfahren, bleibt die Vernunft der Massen immer noch eine Kraft, die der Führung von außen her bedarf.

So dachte ich vor 13 Jahren und so – habe ich mich geirrt.

Es versteht sich, daß ich mich nach einer Reihe der niederträchtigsten Sabotageakte von seiten der Spezialisten verpflichtet fühlte, meine Einstellung zu den Arbeitern der Wissenschaft und Technik umzuwerten – und daß ich sie umgewertet habe. Solche Umwertungen kosten einiges, besonders, wenn man schon älter ist . . .

Ich hatte oft Gelegenheit, mit Lenin über die Grausamkeit der revolutionären Taktik und Gewohnheit zu sprechen.

– Was wollen Sie denn? – fragte er erstaunt und zornig. – Ist denn Humanität möglich in einer so unerhört wilden Schlacht? Wo ist da Platz für Weichherzigkeit und Großmütigkeit? Europa blockiert uns, wir sind von der erwarteten Hilfe des europäischen Proletariats abgeschnitten, von allen Seiten fällt uns wie ein Bär die Gegenrevolution an, was sollen wir denn tun? Müssen wir nicht, dürfen wir nicht kämpfen? Uns zur Wehr setzen? Entschuldigen Sie mal, wir sind doch keine Idioten. Wir wissen: Das, was wir wollen, kann niemand anders tun als wir ...

Sehr oft belästigte ich ihn mit Bitten verschiedener Art und manchmal spürte ich, daß meine Schritte für andere Menschen bei Lenin Mitleid für mich wecken. Er fragte:

– Scheint Ihnen nicht, daß Sie sich mit Unsinn, mit Lappalien beschäftigen?

Aber ich tat das, was ich für nötig hielt, und die schiefen, bösen Blicke des Mannes, der die Zahl der Feinde des Proletariats kannte, stießen mich nicht zurück. Er schüttelte tief betroffen den Kopf und sagte:

– Sie kompromittieren sich ja in den Augen der Kameraden, der Arbeiter.

Und ich wies darauf hin, daß die Kameraden (dies Wort gibt den Sinn des russischen «towárischtschi» besser wieder als «Genossen»), die Arbeiter «im Zustande der Entzündbarkeit und Reizbarkeit» sich nicht selten zu «einfach» zur Freiheit und zum Leben wertvoller Menschen verhalten, und daß das, meiner Ansicht nach, nicht nur die ehrenvolle, schwierige Sache der Revolution durch überflüssige, teilweise sinnlose Grausamkeit kompromittiert, sondern objektiv schädlich ist für diese Sache, indem es eine bedeutende Zahl großer Kräfte von der Teilnahme abhält.

– Hm, hm – brummte Lenin skeptisch und hielt mir die zahlreichen Fälle von Verrat der Sache der Arbeiter durch die Intelligenz vor ...

Trotzdem kann ich mich an keinen Fall erinnern, in dem Iljítsch meine Bitte abgelehnt hätte ...

Ein alter Bekannter von mir, P. A. Skorochódow, auch ein ehemaliger Arbeiter aus Ssórmowo, ein Mensch von weicher Seele, beklagte sich über die Last der Arbeit in der Tscheká. Ich sagte ihm:

– Ich glaube auch, daß das nicht Ihre Sache ist, daß es nicht zu Ihrem Charakter paßt.

Er gestand traurig:

– Es paßt mir durchaus nicht.

Aber nach kurzer Überlegung sagte er:

– Aber wenn man bedenkt, daß Iljítsch doch sicher auch ziemlich oft die Seele an den Flügeln halten muß, dann schäme ich mich meiner Schwachheit.

Ich kannte und kenne nicht wenige Arbeiter, die mit zusammengebissenen Zähnen «die Seele an den Flügeln halten» mußten und müssen – ihrem organischen «sozialen Idealismus» Gewalt antun müssen, auf daß die Sache, der sie dienen, triumphiere.

Mußte Lenin selbst auch die «Seele an den Flügeln halten»?

*Festsitzung in der Moskauer Großen Oper
anläßlich der Rückkehr Gorkis aus Italien*

... Unserer Generation, sagte er, ist es gelungen, eine Arbeit zu leisten, die in ihrer historischen Bedeutung unerhört ist. Die von den Bedingungen erzwungene Grausamkeit unseres Lebens wird verstanden und gerechtfertigt werden. Alles wird verstanden werden, alles!

Die Kinder streichelte er vorsichtig, mit irgendwelchen besonders leichten und behutsamen Berührungen.

*Indessen fährt Gorki fort, gegen das Terrorregime zu protestieren, vor allem gegen die Behandlung, die die Sowjetregierung den Intellektuellen widerfahren läßt. Er wird unangenehm. Da er einen Rückfall bekommt, beschließt Lenin, diesen Vorwand zu benutzen, um ihn aus Rußland zu entfernen. Im August 1921 verläßt Gorki Rußland und geht wieder ins Exil. Er kehrt sieben Jahre später, 1928, zurück. Das ganze Land feiert seinen 60. Geburtstag.*

# Wieder in der UdSSR

*Auszüge aus der Rede Gorkis auf der Plenarsitzung des Moskauer Sowjets, die unter Teilnahme der Berufsorganisationen und der Partei im Mai 1928 im Bolschói Teátr in Moskau zu Ehren der sozialen, politischen und literarischen Leistungen des Schriftstellers veranstaltet wurde. (Stenogramm)*

Man kann es schon nicht mehr als eine Ausnahmeerscheinung betrachten, daß Alexéj Peschków, nachdem er sein Analphabetentum und gewisse äußere Schwierigkeiten überwunden hatte, vergleichsweise ein ebenso kunstreicher Literat geworden ist wie die Literaten, die Gymnasium und Universität absolviert haben. Man kann das deshalb nicht als eine Ausnahmeerscheinung erachten, weil, wenn auch vor Gorki derartige Erscheinungen selten waren, doch hier, wo 2500 der hervorragendsten Baumeister eines neuen Lebens, einer neuen Kultur sitzen, derartige Fälle wahrscheinlich zu Hunderten vorliegen. Und solche Biographien wie meine würde man in Rußland wohl nicht nur hundert, sondern Tausende finden.

Ich kenne ein bißchen die Menschen, die in den verschiedenen Winkeln unserer riesigen Union der Sowjets leben. Ich kenne Dutzende von Lebensläufen, die schwerer, unvergleichlich schwerer waren. Kameraden, vom Lebenslauf lohnt es sich nicht mehr zu sprechen, das ist vorbei, man hat genug davon. Es kommt nicht darauf an, wie ein Mensch früher war, sondern wie er jetzt ist, hier und heute. Und überhaupt geht es nicht um Oma und Opa, sondern um die Enkel. (Gelächter und Applaus.)

*Unter Ausnutzung der allgemeinen Wohlgeneigtheit gibt Gorki seinen Hörern eine Lektion:*

Kameraden, man muß das irgendwie freundschaftlicher abmachen, etwas milder. Jeder von euch ist nötig. Jeder von euch ist ein guter Arbeiter. Wenn nicht jeder von euch ein guter Arbeiter wäre, hättet ihr nicht geschafft, was ihr geschafft habt. Das steht fest. Aber ich weiß nicht recht, man muß es irgendwie besser anpacken.

Ihr findet doch die Möglichkeit, euch mir gegenüber nett zu verhalten, warum verhaltet ihr euch zueinander so häßlich? (Gelächter.) Das ist keine lächerliche Frage, es ist eine wesentliche Frage. Was liegt daran, daß ich zwanzig Bücher geschrieben habe? Die Literatur ist genauso eine Arbeit wie jede andere Arbeit. Eine gute Arbeit, gewiß, aber die Herstellung chirurgischer Instrumente ist auch eine sehr gute Sache und eine sehr schwierige Angelegenheit. Was ist daran? Nein, ihr müßt zueinander milder sein ...

157

Also das, was ihr aufbaut und was ihr aufbauen könnt, das muß euch zwingen, euch besser zueinander zu verhalten, als ihr es tut. Wertet die Arbeit des Freundes höher. Ihr seid hoher Bewertung würdig. Ihr werdet mir glauben, ich übertreibe nicht. Das sagt euch nicht ein Künstler, nicht ein Literat, das sagt euch ein einfacher arbeitender russischer Mensch. (Stürmischer Beifall.) Das ist alles, Kameraden. (Stürmischer Beifall, der in eine Ovation übergeht. Die Musik spielt die Internationale.)

*Auszüge aus der Rede Gorkis auf der Plenarsitzung des Sowjets von Tiflis (im Sommer 1928):*

Kameraden, man hat mich heute einen glücklichen Menschen genannt. Das ist richtig, vor euch steht wirklich ein glücklicher Mensch – ein Mensch, in dessen Leben sich seine schönsten Träume, seine schönsten Hoffnungen erfüllt haben. Trübe Träumereien, vielleicht, unklare Hoffnungen, vielleicht, aber es waren gerade diese Hoffnungen, diese Träume, von denen ich lebte.

Wenn ich ein Kritiker wäre und ein Buch über Maxím Gorki schriebe, so würde ich darin sagen, daß die Kraft, die Gorki zu dem gemacht, als der er vor euch steht, zu dem Schriftsteller, den ihr so übertrieben ehrt, den ihr so liebt, darin besteht, daß er als erster in der russischen Literatur und, vielleicht, als erster im Leben, so für sich persönlich, die ungeheure Bedeutung der Arbeit erkannt hat, der Arbeit, die alles Wertvolle, alles Schöne, alles Große in dieser Welt schafft.

Es wurde hier auch gesagt, daß die Natur mich mit irgendeiner besonderen Eigenschaft ausgestattet habe. Ich glaube das nicht. Ich glaube, daß ich als ebensoeiner geboren bin wie jeder von euch. Ich meine, daß es so ist. Ich glaube, daß die Natur, in der es sehr viel Schönheit gibt, die Natur, an der wir uns entzücken, die wir abbilden mit Worten, Farben, in Musik, in Werken der Kultur – daß es diese Natur in meinen Träumen nicht gibt . . . Ich begeistere mich natürlich, wie auch ihr alle, an dieser Natur, aber näher als diese Natur ist mir eine andere, die ich ehre und achte und, ich sage es sogar mit einem heute verpönten Wort: heilig ehre und achte. Das ist jene Natur, die von den Händen des Menschen geschaffen ist. Das ist jene Natur, die wir, die Menschen, auf Erden erschaffen gegen die andere Natur.

Kameraden, ich habe das irgendwie schon sehr früh begriffen, und nicht aus Büchern. Seinerzeit, so bis zum 23., 24. oder 25. Lebensjahr lebte ich das gleiche Arbeitsleben wie alle arbeitenden Menschen meiner Epoche, meiner Generation. Ich mußte dasselbe erfahren wie ihr auch, mich herumschlagen mit den Parasiten in der Natur, mit dem gleichen Hunger und der gleichen Kälte, und da schien es mir, daß es auch im sozialen Bereich genauso gut wie woanders Parasiten gebe.

*Maxím Gorki mit Schwiegertochter und Enkelin, 1927*

Das begriff ich, ehe ich die Lehre von Marx kennenlernte. Das begreift der Mensch überhaupt, bevor er Marx oder derartige Bücher liest. Er begreift es intuitiv. So habe auch ich es intuitiv begriffen.

Kameraden, das, was der Mensch tut, ist viel bedeutsamer als das, was die Natur tut, der wir nur dafür verbunden sind, daß sie uns zur

*Im Gespräch mit Stalin vor dem Moskauer Lenin-Mausoleum*

Welt bringt – ja, sie bringt uns hervor, alles übrige kommt von uns . . .
Wir sind die Schöpfer der zweiten Natur. Ich sage, Kameraden, daß
die Tatsache, daß Alexéj Peschków auf Grund irgendwelcher besonderen Ursachen Maxím Gorki geworden ist, überhaupt nichts bedeutet. Das ist unwichtig. Wichtig, Kameraden, ist allein der auf das Ziel
gerichtete Wille des Menschen.

Wichtig ist das Verlangen, das zu werden, was ein Mensch werden
will, frei das zu tun, was er will. Und eben diese Bedingungen sind uns
gegeben.

*Gorki ist begeistert von den Ergebnissen der Arbeit im Laufe von zehn
Jahren. Einstmals, bei einer Versammlung zu Beginn der Revolution,
hatte er einen Soldaten mit absoluter Gewißheit erklären hören:*

160

– Wir werden die Erde in unsere Hände nehmen, unbedingt! Und wir werden alles umbauen.

– Werdet ihr sie rund machen wie eine Pastete, die Erde? fragte ironisch ein Herr mit einer Schirmmütze.

– Ja, bestätigte der Soldat.

– Ihr werdet die Berge abrasieren?

– Warum nicht, wenn sie uns stören?

– Und die Flüsse werden bergauf fließen?

– Sie werden fließen, wohin wir sie fließen machen. Warum lachst du, Bárin? (*Durch die Union der Sowjets,* 1929)

In der Union der Sowjets wird ein neuer Mensch geboren, und man kann bereits, ohne sich zu irren, seine Natur bestimmen.

Er glaubt an die organisierende Macht der Vernunft, er hat jenes Vertrauen, das die europäischen Intellektuellen verloren haben, weil sie geschwächt sind durch die fruchtlosen Anstrengungen, die Klassengegensätze auszusöhnen. Er fühlt sich als Schöpfer einer neuen Welt, und obwohl er noch in schwierigen Umständen lebt, weiß er, daß es die Angelegenheit seines bewußten Willens ist, andere Umstände zu schaffen; das ist sein Ziel. Auch hat er keinerlei Grund, Pessimist zu sein. Er ist nicht nur biologisch, sondern auch historisch jung. *(Zum alten und neuen Menschen)*

Meine Freude und mein Stolz ist der neue russische Mensch, der Baumeister eines neuen Staates. Ihm gilt mein aufrichtiger Segensgruß, diesem kleinen Menschen, der so groß ist, zerstreut in allen Bärenhöhlen des Landes, in den Fabriken, den Dörfern, verloren in den Steppen und in der sibirischen Taigá, in den Bergen des Kaukasus und den Tundren des Nordens, diesem Menschen, der sich manchmal noch recht einsam fühlt, der unter Wesen arbeitet, die eben erst zum Begreifen erwachen. Ich wende mich an diesen Baumeister des Staates, der demütig eine offenbar unbedeutende Arbeit verrichtet, deren historische Auswirkung aber unermeßlich ist. Kamerad! Wisse und glaube, daß du der wichtigste Mensch auf Erden bist. Indem du deine demütige Arbeit verrichtest, hast du wirklich angefangen, eine neue Welt zu bauen. (*Notizen.* 1927)

# Der Meister

*Es gibt wenige Schriftsteller, denen der Name «Meister»: Führer und Helfer der Jüngeren, mehr ansteht als Gorki.*

Jedesmal, wenn die Post ein graues Heftchen aus «Groschenpapier» bringt, das von einer schreibungewohnten Hand vollgeschrieben ist, und einen Brief, in dem ein unbekannter und bekannter, unsichtbarer und naher Mensch bittet, seine Versuche «durchzusehen» und zu sagen, «ob ich Talent habe, ob ich ein Recht auf die Aufmerksamkeit der Menschen habe» – zieht sich das Herz zusammen vor Freude und Leid, flammt in ihm eine große Hoffnung auf und schmerzt gleichzeitig

*Moskau, 1934*

noch brennender die Angst um die Heimat, die heute so schwere Tage durchlebt . . .

Freude – deshalb, weil man mir immer mehr und mehr ungeschickte Verse, ungekonnte Prosa schickt und immer höher, mutiger die Stimmen der Schreibenden klingen; man fühlt, wie in den unteren Schichten des Lebens im Menschen sich das Bewußtsein seiner Verbundenheit mit der Welt entzündet, wie in einem kleinen Menschen das Streben nach einem großen, weiten Leben wächst, der Durst nach Freiheit; wie leidenschaftlich er seine jungen Gedanken mitteilen, seinen ermüdeten Nächsten aufmuntern, sein trauriges Land zärtlich trösten möchte.

Und so begeisternd heiß ist die Hoffnung, daß bald schon unser unterjochtes Volk sich aufrichten werde und mutig mit frischer Kraft zur allgemeinmenschlichen Arbeit der Schaffung einer neuen Kultur, einer neuen Geschichte beitragen werden . . .

Vor uns liegt eine gewaltige Arbeit: die Umorganisierung ganz Rußlands auf neuen Grundlagen, wir müssen uns sorgen um die Entwicklung und Ansammlung der kulturellen Kräfte – an solchen Kräften haben wir schrecklich wenig im Vergleich zu den Forderungen, die unser heutiger Tag an uns stellt und die der gestrenge morgige Tag stellen wird.

Und dabei wird der Mensch nirgends so gering geachtet als bei uns, nirgends ist er hilfloser als bei uns . . .

Wir leben in einem Volke, das seiner Natur nach begabt ist. Diese Tatsache wird unbestreitbar durch folgendes bestätigt: Kein Land des Westens bringt einen so hohen Prozentsatz von Autodidakten: Schriftstellern, Technikern, Sektengründern, hervor. Und wenn diese Erscheinung unter so schweren Bedingungen für die Entfaltung des Menschen möglich ist, so haben wir das Recht, an die Begabung und Geistesstärke unseres Volkes zu glauben *(Vorwort zu dem Buch «Das Zaubergras» von dem Bauern Iwán Morósow.)*

*Von den Briefen der ratfragenden Anfänger überschwemmt, antwortet Gorki ihnen in einer Broschüre: «Wie ich schreiben lernte» (1928), in der er seinen Weg als Schriftsteller zusammenfaßt und ausgeht von den Ausdrücken, die seine Korrespondenten, autodidaktische Schriftsteller, gebrauchen. Die einen hatten erklärt, daß sie schrieben, um einem eintönigen Leben zu entrinnen, die anderen, daß sie im Schreiben Befreiung suchten.*

Mit zwanzig Jahren etwa begann ich zu begreifen, daß ich vieles gesehen, erlebt, gehört hatte, was den Menschen erzählt werden sollte und sogar müßte. Es schien mir, daß ich dies und das nicht so empfinde wie die anderen; das beunruhigte mich, machte mich erregt und geschwätzig. Selbst wenn ich Bücher solcher Meister wie Turgénjew las, dachte ich manchmal, daß ich über die Helden der «Aufzeichnungen eines Jägers» anders erzählen könnte, nicht so wie Turgénjew es getan hatte. In diesen Jahren galt ich schon als interessanter Erzähler; aufmerksam hörten mir Transportarbeiter, Bäckergesellen, «Bossjakí», Zimmerleute, Eisenbahner, «Pilger zu den heiligen Stätten» und überhaupt die Leute zu, unter denen ich lebte. Wenn ich von den gelesenen Büchern erzählte, ertappte ich mich oft dabei, daß ich das Gelesene entstellte, indem ich dies und das aus meiner eigenen Erfahrung hinzutat. Das geschah deshalb, weil die Tatsachen des Lebens und die Literatur bei mir zu einem einzigen Ganzen zusammenflossen. Ein Buch ist ebenso eine Erscheinung des Lebens wie ein Mensch, es ist ebenso eine lebendige, sprechende Tatsache, und es ist weniger «Sache» als alle anderen vom Menschen geschaffenen Sachen.

Die Intelligenzler hörten mich an und rieten:

– Schreiben Sie! Versuchen Sie zu schreiben!

Nicht selten fühlte ich mich sozusagen trunken und erlebte Anfälle von Vielrednerei, einen wilden Sturm in Worten, aus dem Wunsche heraus, alles auszusprechen, was mich belastete und freute; ich wollte erzählen, um mich «zu entladen». Es gab Augenblicke so quälender Anspannung, in denen ich wie ein Hysteriker einen «Klumpen im

Hals» hatte und schreien wollte, daß der Glaser Anatólij – mein
Freund, ein talentierter Bursche – umkommen wird, wenn man ihm
nicht hilft; daß die Prostituierte Terésa ein guter Mensch sei, und daß
es ungerecht sei, daß sie Prostituierte ist und die Studenten, die sie
frequentieren, das nicht sehen, ebenso wie sie nicht sehen, daß die

Bettlerin Matiza, diese alte Frau, klüger ist als die junge, belesene Hebamme Ikowlewa.

Insgeheim, sogar vor meinem nächsten Freunde, dem Studenten Gúri Pletnjów verborgen, schrieb ich Verse über Terésa, über Anatólij, darüber, daß der Schnee im Frühling nicht deshalb taut, um als schmutziges Wasser von der Straße in den Keller zu laufen, wo die Bäcker arbeiten, daß die Wolga ein schöner Fluß ist, daß der Brezelbäcker Kúsin der Verräter Judas ist und das Leben durch und durch Schweinerei und Trübsinn, der die Seele mordet.

Ich schrieb leichte Verse, aber ich sah, daß sie abscheulich waren, und verachtete mich selbst wegen meiner Unfähigkeit und mangelnden Begabung. Ich las Púschkin, Lérmontow, Nekrássow, die Übersetzungen Kúrotschkins aus Béranger und sah sehr wohl, daß ich keinem dieser Dichter ähnlich war. Prosa zu schreiben, konnte ich mich nicht entschließen, sie schien mir noch schwerer als Verse, sie forderte eine besonders geschärfte Sehkraft, eine durchdringende Fähigkeit, das, was die anderen nicht sahen, zu sehen und zu bezeichnen, und eine ungewöhnlich feste, starke Fügung der Worte. Aber trotzdem begann ich mich auch in Prosa zu versuchen, indem ich allerdings den Stil der «rhythmischen» Prosa wählte, weil die einfache über meine Kräfte ging. Die Versuche, einfach zu schreiben, führten zu traurigen und lächerlichen Ergebnissen. In rhythmischer Prosa schrieb ich ein riesiges «Poem»: «Das Lied der alten Eiche». W. G. Korolénko zerstörte mit einem Dutzend Worten diese hölzerne Sache in Grund und Boden ... Aber Korolénko heilte mich nicht von meiner Eingenommenheit für «rhythmische» Prosa und sagte mir noch fünf Jahre später, als er meine Erzählungen «Großvater Archíp» lobte, daß ich die Erzählungen umsonst mit «etwas Versähnlichem» zu verbessern gesucht habe. Ich glaubte ihm nicht, aber als ich zu Hause die Erzählung noch einmal durchsah, überzeugte ich mich bekümmert davon, daß eine ganze Seite – die Beschreibung eines Wolkenbruchs in der Steppe – eben in der verfluchten «rhythmischen» Sprache geschrieben war. Sie verfolgte mich noch lange und drang unbemerkt und an ungeeigneter Stelle immer wieder in die Erzählungen ein. Ich begann die Erzählungen immer mit irgendwelchen singenden Sätzen ... Überhaupt strengte ich mich an, «hübsch» zu schreiben ...

«Das Meer lachte» – schrieb ich und glaubte lange, daß das gut sei. Auf Jagd nach Schönheit beging ich dauernd Fehler in der Genauigkeit der Beschreibungen, stellte die Dinge falsch dar und beleuchtete die Menschen nicht richtig.

«Der Ofen steht falsch bei Ihnen!» bemerkte L. N. Tolstói zu der Erzählung «26 und eine». Es stellte sich heraus, daß das Feuer des

Backofens die Arbeiter nicht so beleuchten konnte, wie ich es beschrieben hatte.

A. P. Tschéchow sagte von der Medýnskaja im «Fomá Gordéjew»: «Mein Lieber, sie hat drei Ohren, eins auf dem Kinn, sehen Sie doch!» Es stimmte – so ungeschickt hatte ich die Frau zum Licht gesetzt . . .

Ich halte mich nicht für einen Meister, der fähig wäre, Typen und Charaktere zu erfinden, die künstlerisch den Typen und Charakteren eines Oblómow (von Gontscharów), eines Rúdin (von Turgénjew), eines Rjasánow (von Slepzów) u. ä. vergleichbar wären. Trotzdem mußte ich, um den «Fomá Gordéjew» zu schreiben, manches Dutzend von Kaufmannssöhnen sehen, die vom Leben und der Arbeit ihrer Väter nicht befriedigt waren; sie fühlten dumpf, daß dieses eintönige, «ermüdend arme Leben» keinen Sinn hatte. Aus solchen Leuten wie Fomá, die zu einem langweiligen Leben verurteilt waren und die die Langeweile verletzte, wurden, wenn sie nachsannen, einerseits Trunkenbolde, Hooligans, auf der anderen Seite wurden daraus solche «weißen Raben» wie Sawwa Morósow (der reiche Industrielle), mit dessen Mitteln Lenins «Iskra» herausgegeben wurde, wie der Permer Reeder Meschków, der die sozial-revolutionäre Partei mit Geld versorgte, der Kalúgaer Fabrikbesitzer Gontscharów, der Moskauer N. Schmidt und noch viele andere . . .

Die Jugend stellt mir die Frage, warum ich von den «Bossjakí» geschrieben habe.

Weil ich unter lauter kleinen Spießbürgern lebte und Menschen vor mir sah, deren einziges Bestreben war, gaunerisch das Blut des Menschen auszusaugen, es in Kopeken zu verdicken und die Kopeken zu Rubeln zusammenzukleben. Auch ich habe mit «allen Fasern» dieses Mückendasein der gewöhnlichen Menschen gehaßt, die einander glichen wie die kupfernen Kopekenstücke desselben Prägungsjahres.

Die «Bossjakí» waren für mich «ungewöhnliche Menschen». Das Ungewöhnliche an ihnen war, daß sie «deklassiert» waren, daß sie sich von ihrer Klasse losgerissen hatten und von ihr verworfen waren, und daß sie damit die charakteristischsten Züge ihres Klassengesichtes verloren hatten . . . Die Mehrzahl dieser Leute waren nicht gesund, Alkoholiker, lebten nie ohne Prügeleien untereinander, aber bei ihnen war das Gefühl der gegenseitigen kameradschaftlichen Hilfe gut entwickelt; alles, was ihnen zu verdienen oder zu stehlen gelang, wurde gemeinsam in Essen und Trinken umgesetzt. Ich sah, daß sie, wenn sie auch schlechter lebten als die «gewöhnlichen» Menschen, doch fühlten und das Bewußtsein hatten, besser zu sein als sie, und zwar weil sie nicht gierig waren, sich nicht gegenseitig erwürgten und kein Geld aufhäuften . . .

Es gab sonderbare Menschen unter den «Bossjakí», und vieles verstand ich bei ihnen nicht, aber es sprach für mich viel zu ihren Gunsten, daß sie sich nicht über das Leben beklagten und daß sie über das gesicherte Leben der «anständigen Personen» mit Spott sprachen, ironisch, aber nicht aus einem Gefühl versteckten Neides, nicht weil «die Trauben, die zu hoch hängen, sauer sind», sondern sozusagen aus Stolz, aus dem Bewußtsein, daß sie schlecht leben, aber für sich dennoch besser als die, die da «gut» leben . . .

So also erklärt sich meine Sympathie für die «Bossjakí» – aus dem Wunsche heraus, «ungewöhnliche» Menschen darzustellen, und nicht Menschen jenes bettelhaften spießbürgerlichen Typus. Hier wirkte sich natürlich auch der Einfluß der ausländischen, vor allem der französischen Literatur aus, die farbenreicher und greller ist als die russische. Aber hauptsächlich wirkte hier der Wunsch, für sich selbst durch «Ausdenken» das «ermüdend arme Leben» zu verschönen.

Diesen Wunsch nennt man, wie ich schon sagte, «Romantik». Einige Kritiker haben meine Romantik für einen Abglanz des philosophischen Idealismus gehalten. Ich glaube, daß das nicht richtig ist.

Für mich gibt es keine Idee außerhalb des Menschen, für mich ist vielmehr er allein der Schöpfer aller Dinge und aller Ideen, er allein der Wundertäter und in der Zukunft der Herr aller Kräfte der Natur. Das allerschönste in unserer Welt ist das, was durch Arbeit geschaffen ist, von der sinnreichen Menschenhand, und alle unsere Gedanken, alle Ideen gehen aus dem Arbeitsprozeß hervor, wovon uns die Geschichte der Entwicklung von Kunst, Wissenschaft und Technik überzeugt. Der Gedanke kommt nach dem Faktum. Vor dem Menschen «verneige» ich mich deshalb, weil ich außer den Inkarnationen seiner Vernunft, seiner Phantasie, seiner Erfindungskraft in unserer Welt nichts fühle und sehe. Gott ist ebenso eine menschliche Erfindung wie zum Beispiel das «Lichtbild», mit dem Unterschied, daß die «Photographie» das tatsächlich vorhandene fixiert, Gott aber eine Aufnahme der Vorstellung des Menschen von sich selbst als einem Wesen, das allwissend, allmächtig und völlig gerecht sein will – und kann.

Und wenn es schon nötig ist, von etwas «Heiligem» zu sprechen, so ist heilig nur die Unzufriedenheit des Menschen mit sich selbst und sein Streben, besser zu sein, als er ist; heilig ist sein Haß auf allen Existenzplunder, den er selbst geschaffen hat; heilig ist sein Wunsch, auf der Erde Neid, Gier, Verbrechen, Krankheiten, Kriege und jegliche Feindschaft unter den Menschen zu vernichten, heilig ist seine Arbeit.

Gorki

# Zeittafel

| | |
|---|---|
| 1861 | Abschaffung der Leibeigenschaft. |
| 1868 | 16. (28.) März. Alexéi Maxímowitsch Peschków in Níshnij Nówgorod an der Wolga als Sohn des Tischlers Maxím Peschków und der Warwára, Tochter des Färbers Kaschírin geboren. Tolstói ist 40 Jahre alt. Er veröffentlicht *Krieg und Frieden* (1864–1869). Dostojéwski ist 47 Jahre alt. 1849 zu Zuchthaus in Sibirien wegen Teilnahme an einem politischen Komplott verurteilt, kehrt er nach 1859, politisch und religiös konvertiert, zurück. Tschéchow ist 8, Korolénko 15 Jahre alt. |
| 1870 | Lenin in Ssimbírsk an der Wolga geboren. |
| 1878 | Wéra Sassúlitsch schießt auf den Petersburger Gouverneur Trépow, der einen politischen Gefangenen hatte geißeln lassen. Die öffentliche Meinung stellt sich mit großem Nachdruck auf ihre Seite. Ihr Prozeß wird ein Markstein in der Geschichte der revolutionären Bewegung. Sie wird freigesprochen. |
| 1880 | Erscheinungsjahr der *Brüder Karamásow*. Moralische Krise Tolstóis und Anfänge des Tolstoianertums: Predigt der Nichtgewaltanwendung gegen das Böse. |
| 1881 | Bei der Enthüllung des Púschkin-Denkmals in Moskau ruft Dostojéwski das russische Volk zur Resignation auf. Er stirbt noch im gleichen Jahre. Ermordung des Kaisers Alexander II. durch eine Gruppe von Revolutionären. Thronbesteigung Alexanders III. Die Reaktion verschärft sich. |
| 1888 | Attentat auf die kaiserliche Familie in Borki. |
| 1894 | Tod Alexanders III. Thronbesteigung Nikolaus' II. |
| 1895 | Lenin führt Arbeiter und Sozialisten zusammen und eröffnet so eine neue Phase in der Geschichte der russischen Revolution. |
| 1897 | Lenin wird für drei Jahre nach Sibirien deportiert. Gründung des Moskauer Künstlertheaters durch Stanisláwski und Nemírowitsch-Dántschenko. |
| 1904–1905 | Tschéchow stirbt. Der Krieg gegen Japan führt zur schwersten Erschütterung des Zarenreiches. Zahlreiche Terrorakte der Revolutionäre. |
| 1905 | 9. (22.) Januar. «Der Blutsonntag». Arbeiter, die unter Anführung des Popen Gapón zum Winterpalast gezogen sind, werden dort zusammengeschossen. 17. Oktober: Erste russische Revolution. Der Zar ist gezwungen, |

eine Verfassung zu geben und ein Parlament, die «Dúma», zu schaffen.

| | |
|---|---|
| 1910 | Tolstói stirbt. |
| 1917 | 27. Februar (11. März) Februar-Revolution. |
| | 25. Oktober (7. November) Oktober-Revolution. |
| 1935 | Romain Rolland besucht die UdSSR. |
| 1936 | 18. Juni. Gorki stirbt an den Folgen einer Lungenentzündung. Die letzte Ehre erweisen ihm Stalin, Mólotow, Kaganówitsch, Ordschonikídse, Andréjew, Mikoján, Shdánow. Staatsbegräbnis. Die Urne mit seiner Asche wird in die Kremlmauer am Roten Platz eingelassen. |

# Zeugnisse

Waleri Brjussow
Wir sprachen noch über Shakespeare, über Púschkin, über Tolstói und über Dostojéwski. «Sehen Sie, was mir an Dostojéwski so wertvoll ist», sagte Gorki, «vielleicht erinnern Sie sich an den Menschen aus den *Aufzeichnungen aus dem Untergrund* im ersten Teil, den Menschen, der plötzlich beim Anbruch der allgemeinen Glückseligkeit ausruft: ‹Wie meinen Sie, sollten wir nicht diese ganze Glückseligkeit zum Teufel jagen?›», und Gorki deutete mit einer Bewegung seines Fußes an, wie dieser Mensch die Glückseligkeit in den Abgrund befördern würde. Er wäre auch selbst dazu fähig.
*Tagebuch, Oktober 1901*

A. P. Tschéchow
*Die Drei* von Gorki in der Januar-Nummer haben mir dem Ton der Erzählung nach außerordentlich gut gefallen. Aber die Mädchen sind unwahr, solche gibt es nicht, und auch solche Gespräche kommen niemals vor, aber es ist trotzdem angenehm zu lesen. Der Teil in der Dezember-Nummer hatte mir nicht so gefallen, man spürte zu sehr die Anstrengung. Gorki sollte überhaupt nicht mit einem so ernsten Gesicht schaffen (er schreibt nicht, sondern er schafft im wahrsten Sinn des Wortes), man müßte das etwas leichter machen, mit ein wenig mehr Abstand.
*An V. A. Posse, 3. 3. 1901*

Ich habe den Schluß der *Drei* gelesen, des Romans von Gorki: etwas erstaunlich Naturhaftes. Wenn nicht Gorki das geschrieben hätte, würde es niemand lesen, so scheint es mir wenigstens.
*An O. L. Knipper, 7. 12. 1901*

Eine Wiener Zeitschrift
Es sind Helden ganz neuer, überraschender Art. Sie zeichnen sich aus durch ein unbeschränktes Unabhängigkeitsgefühl. Sie haben die Fähigkeit und das Streben, ganz wie es ihnen beliebt, alle liebgewordenen Gewohnheiten, Pflichten, Zustände zu verlassen und von sich zu werfen. Es ist ein Herrentum, ein hochromantisches Herrentum, das

Gorki uns darstellt. Aber eben nicht eins nach dem Rezept der alten Romantik: alt, mystisch, aus ferner Vergangenheit, die Ideale ausgrabend. Es ist eine lebendige wirkliche Romantik, mit all dem geschmückt, was wir uns in langem Grübeln erobert, was wir uns als neues sonnenstrahlendes Ideal aufgerichtet haben. Wenn auch einige von Gorkis Helden ganz wie die Helden der eben vergangenen Literaturepoche an ihrer Schwäche zugrunde gehen – die meisten Helden Gorkis gehen zugrunde an einer Tat. Und in diesem rücksichtslosen Aufstellen und Verherrlichen solcher Tatmenschen liegt das, was Gorki so hoch emporhebt über so viele. Hier liegt das, was die Jugend seines Vaterlandes zu ihm reißt – dieses Vaterlandes, das mit rasselnden Ketten belastet ist. Hier liegt auch das, was auch uns in seine Fesseln schlägt.

*1903*

Dimitri Mereschowski

Über Gorki als Künstler lohnt es sich nicht, viel Worte zu machen. Die Wahrheit über den *Bossják,* die Gorki verkündet hat, verdient allergrößte Aufmerksamkeit, aber die Poesie, mit der er manchmal leider diese Wahrheit zu verbrämen für nötig hält, verdient nichts als nachsichtiges Vergessen. Alle lyrischen Ergüsse des Autors, Naturbeschreibungen, Liebesszenen sind im besten Fall mittelmäßige, im ärgsten Fall absolut schlechte Literatur. Übrigens kann man den einfältigen Kritikern, die Gorki als Künstler mit Púschkin, Gogol, L. Tolstói und Dostojéwski vergleichen, sowieso nichts beweisen.

. . . Auf der anderen Seite täuschen sich diejenigen, die hinter dieser zweifelhaften Poesie in Gorki nicht eine bedeutungsvolle gesellschaftliche Erscheinung sehen wollen, noch viel mehr als jene, die in ihm einen großen Dichter sehen. In Gorkis Werken fehlt die Kunst, aber in ihnen steckt das, was kaum weniger wertvoll ist als die höchste Kunst: Leben, wahrstes und echtestes Leben, Leben aus Fleisch und Blut. Und wie in allem sehr Lebendigen und Echten zeigt sich hier eine eigene, unverhoffte Schönheit, gestaltlos und chaotisch, aber bezwingend; eine eigene Ästhetik, grausam, widersinnig und für die Verehrer der reinen Kunst unannehmbar, aber für die Anhänger (Parteigänger) des Lebens betörend. Alle diese «heruntergekommenen Typen», die den Teufeln in den Zeichnungen des großen Goya ähnlich sehen, sind erschreckend real, wenn nicht in ihrem Äußeren, so doch in ihrer inneren Realität: Mag es solche Menschen in der Wirklichkeit auch nicht geben, so sind sie doch möglich, und eines Tages wird es sie geben.

*Tschéchow und Gorki, 1906*

**Leo Tolstói**

Nach dem Mittagessen habe ich Gorki gelesen. Schwach. Die Hauptsache fehlt: das Gefühl für Maß – der Nenner ist zu groß . . .

Abends wieder Gorki gelesen. Er kennt den Abschaum des Volkes, seine Sprache ist herrlich, d. h. die Redeweise der Menschen. Aber eine vollkommen willkürliche, durch nichts gestützte Psychologie, d. h. er schreibt seinen Personen ungerechtfertigte Gefühle und Gedanken zu, und in erster Linie nur heroische, und dann ist auch das Milieu ausnehmend unmoralisch. Dabei ein sklavischer Respekt vor der Wissenschaft.

. . . Zu Hause habe ich abends Gorki zu Ende gelesen. Alles eingebildete und unnatürliche, gewaltige heroische Gefühle und Verlogenheit, aber ein großes Talent . . .

Nach dem Mittagessen habe ich etwas über Gorki gelesen. Seltsam dieses ungute Gefühl ihm gegenüber, mit dem ich kämpfe. Ich rechtfertige mich damit, daß er, wie Nietzsche, ein schädlicher Schriftsteller ist: eine große Begabung, und dabei das Fehlen jeglicher religiöser, d. h. die Bedeutung des Lebens begreifender Überzeugungen, und gleichzeitig damit ein Selbstbewußtsein, das durch unsere «gebildete Welt», die in ihm ihren Sprecher sieht, gestärkt wird und das diese Welt ihrerseits noch mehr ansteckt.

*Tagebuch, 7. 11. 1909; 9./10. 11. 1909; 23. 11. 1909*

**Romain Rolland**

Gorki hat sich Tolstói seit dessen Tode genähert. Tolstói bewunderte Gorki sehr, weil dieser die Volksseele in ihrer Wahrheit erkannte. Aber die Revolution im Jahre 1905 trennte sie auf einige Jahre. Gorki nahm tätigen Anteil daran. Er wurde in der Peter-Pauls-Festung gefangengehalten, dann aus Rußland ausgewiesen. Gorki liebt den russischen Bauern nicht, der Tolstói so teuer ist; er schildert ihn meistens als bestialisch, in dem einen oder andern Sinne des Wortes, dumm oder grausam; der Mann aus dem Volke, mit dem er sympathisiert, ist der Arbeiter. Aber es scheint, daß Gorki mit zunehmendem Alter und wachsendem Ruhm an Abgeklärtheit gewinnt.                    *1917*

**Robert Musil**

Ich habe mir manchmal schon vorgenommen, mein Leben aufzuschreiben, heute, nachdem ich den zweiten Band von Gorkis Selbstbiographie gelesen habe, beginne ich es. Ich müßte es eigentlich gerade danach unterlassen, denn mein Leben enthält im Vergleich mit diesem wunderbaren Leben fast nichts, was bemerkenswert wäre. Die eigentliche Triebkraft ist, mich zu rechtfertigen und mir selbst zu erklären; wie das mit Gorki zusammenhängt, mag ich nicht untersuchen.

*Tagebücher, Aphorismen, Essays und Reden. Hamburg 1955*

Gerhart Hauptmann

Der Tod Maxim Gorkis hat Hauptmann tief bewegt. Wir hörten uns gestern gemeinsam am Radio die Trauerfeier aus Moskau mit der *Eroica* an. Hauptmann sprach mit Bewunderung von der großen Persönlichkeit und Menschlichkeit Gorkis und bedauerte es, daß ihm – außer einigen Telegrammwechseln – keine nähere Berührung von Mensch zu Mensch mit ihm vergönnt gewesen sei. Er fühlt sich ihm und seiner Dichtung tief verbunden.

*1936. Aufzeichnung von C. W. Behl*

Stefan Zweig

Gorki war keineswegs bloß zufällig einer der genialsten Erzähler der Weltliteratur; erzählen bedeutete für ihn nicht nur künstlerische Ausdrucksform, es war eine funktionelle Emanation seines ganzen Wesens. Im Erzählen lebte er, in dem Erzählten verwandelte er sich in das Erzählte, und ich verstand ihn, ohne die Sprache zu verstehen, schon im voraus durch die plastische Tätigkeit seines Gesichts. An und für sich sah er nur – man kann es nicht anders sagen – «russisch» aus. Nichts war auffallend an seinen Zügen; man hätte den hohen hagern Mann mit dem strohgelben Haar und den breiten Backenknochen sich als Bauer auf dem Felde denken können, als Kutscher auf einer Droschke, als kleinen Schuster, als verwahrlosten Vaganten – er war nichts als «Volk», als konzentrierte Urform des russischen Menschen. Auf der Straße wäre man achtlos an ihm vorübergegangen, ohne das Besondere an ihm zu merken. Erst wenn man ihm gegenübersaß und er zu erzählen begann, erkannte man, wer er war. Denn er wurde unwillkürlich der Mensch, den er porträtierte. Ich erinnere mich, wie er – ich verstand schon, ehe man mir übersetzte – einen alten buckligen müden Menschen beschrieb, den er auf seinen Wanderungen einmal getroffen hatte. Unwillkürlich sank der Kopf ein, die Schultern drückten sich nieder, seine Augen, strahlend blau und leuchtend, als er begonnen, wurden dunkel und müde, seine Stimme brüchig: er hatte sich, ohne es zu wissen, in den alten Buckligen verwandelt. Und sofort, wenn er etwas Heiteres schilderte, brach das Lachen breit aus seinem Mund, er lehnte sich locker zurück, ein Glanz schimmerte auf seiner Stirn; es war eine unbeschreibliche Lust, ihm zuzuhören, während er mit runden, gleichsam bildnerischen Bewegungen Landschaft und Menschen um sich stellte. Alles an ihm war einfach-natürlich, sein Gehen, sein Sitzen, sein Lauschen, sein Übermut.

*Die Welt von Gestern, 1944*

# Bibliographie

## 1. Bibliographien, wissenschaftliche Hilfsmittel

BALUCHATYJ, SERGEJ D.: Literaturnaja rabota Maksima Gor'kogo. Spisok pervopečatnych tekstov i avtorizovannych izdanij. Moskva–Leningrad 1936 – Nachtrag 1941 [Literarische Arbeiten Maxim Gorkis. Verzeichnis der Erstausgaben und autorisierten Ausgaben]

Maksim Gor'kij. Materialy i issledovanija. Bd. 1–4. Moskva–Leningrad 1934–1951 [Materialien und Untersuchungen]

Gor'kovskije čtenija. 1947/48 ff. Leningrad 1949 ff [Abhandlungen über Gorki]

Proizvedenija A. M. Gor'kogo v perevodach na inostrannye jazyki. Otdel'nye zarubežnye izdanija 1900–1955. Bibliografičeskij ukazatel'. Moskva 1958 [Bibliographisches Verzeichnis der Übersetzungen der Werke M. Gorkis in fremde Sprachen]

KALEPS, BORISS A.: Maxim Gorky (1868–1936); a bibliography of publications from and on Gorky in English, French, German, Italian, Spanish, and Latvian languages. Billings, Mont. 1963

LUKIRSKAJA, KSENIJA PETROVNA: Literatura o M. Gor'kom. Bibliografija. 1958/60. 1961/65. Moskva 1965–1970 [Literatur über Gorki]

CZIKOWSKY, ERWIN: Maxim Gorki in Deutschland. Bibliographie 1899–1965. Berlin 1968 (Veröffentlichungen des Instituts für Slawistik. Sonderreihe Bibliographie 2)

PÉRUS, JEAN (ÉD.): Gorki en France. Bibliographie des œuvres de Gorki traduites en français, des études et articles sur Gorki publiés en France, en français, de 1899 à 1939. Paris 1968 (Faculté des lettres et sciences humaines de l'Université de Clermont-Ferrand. Sér. 2. Fasc. 26)

BALUCHATYJ, SERGEJ D., und K. MURATOVA: Maksim Gorki. Spravočnik. Leningrad 1938 [Gorki-Handbuch]

STRUVE, GLEB: Soviet Russian literature 1917–1950. Oklahoma 1951. S. 373–400 [Bibliographie der allgemeinen Bibliographien und Darstellungen über die sowjetische Literatur]

SCHWARZ, GERHARD: Die Rezeption Maksim Gorkijs in der deutschen Literaturkritik 1917–1933. In: Wissenschaftliche Zeitschrift der Humboldt-Universität zu Berlin, Gesellschafts- und sprachwissenschaftliche Reihe 12 (1963), S. 651–658

Slovar avtobiografičeskoj trilogii M. Gor'kogo. V 6 vyp. S pril. slovarja imen i

175

sobstvennych. Bd. 1–6. Leningrad 1974–1986 [Wörterbuch zur autobiographischen Trilogie M. Gorkis]
SMIRNOVA, A. D., M. M. PEŠKOVA und R. G. BEJSLECHEM: Ličnaja biblioteka A. M. Gor'kogo v Moskve. Kn. 1 und 2. Moskva 1981 [Die persönliche Bibliothek Gorkis in Moskau]
TERRY, GARTH M.: Maxim Gorky in English: a bibliography 1868–1936–1986. Cotgrave, Nottingham 1986
CLOWES, EDITH W.: Maksim Gorky: a reference guide. Boston, Mass. 1987

## 2. Werkausgaben und deutsche Übersetzungen

Sobranie sočinenij Maksima Gor'kogo v tridcati tomach. Moskva: Gos. Izdat. chudožestv. lit. 1949–1956 [Gesammelte Werke in 30 Bänden]
Die von der Sowjetischen Akademie der Wissenschaften herausgegebene Gesamtausgabe, die die zahllosen Einzelausgaben und Sammelbände ersetzt.
Polnoe sobranie sočinenij. Chudožestvennye proizvedenija v 25 tomach. Moskva: Nauka 1968–1976. Varianty k chudožestvennym proizvedenijam. Vyp. 1–8. 1974–1979 [Vollständige Werkausgabe]
Gesammelte Werke in Einzelausgaben. Bd. 1–17. Berlin: Malik-Verl. 1926–1930. Ergänzungsband u. d. T.: GRUZDEV, ILJA: Das Leben Maxim Gorkis. Biographie. 1928
Gesammelte Werke in Einzelbänden. Hg. von EVA KOSING und EDEL MIROWA-FLORIN. Bd. 2 ff. Berlin–Weimar: Aufbau-Verl. 1965 ff [Die einzelnen Werke aus dieser Ausgabe werden im folgenden nicht mehr aufgeführt]
Werke. Bd. 1–3. Berlin: Aufbau-Verl. 1946
Ausgewählte Werke. Bd. 1–6. Berlin: SWA-Verl. 1946
Ausgewählte Werke. Bd. 1–6. Wien: Globus-Verl. 1947–1949
Erzählungen. Deutsch von MICHAEL FEOFANOFF. Bd. 1–6. Leipzig: Diederichs 1901–1902
Ausgewählte Erzählungen. Deutsch von AUGUST SCHOLZ. Bd. 1–7. Berlin: B. Cassirer 1901–1902
Geschichten von Landstreichern. Übertragen von ARTHUR LUTHER. Leipzig: Insel-Verl. 1927 (Insel-Bücherei 71); 21.–30. Tsd. 1948
Ausgewählte Erzählungen. Übersetzt von A. VON KRUSENSTJERNA u. a. Bd. 1–7. Leipzig: Reclam 1929 – Neudruck 1946–1950 (Reclams Universal-Bibliothek 4221, 4271, 4366, 4445, 4587, 4673, 4772)
Erzählungen. Deutsch von ARTHUR LUTHER. Nachwort von Stefan Zweig. Leipzig: Insel-Verl. 1931; 31.–40. Tsd. 1948
Erzählungen. Bd. 1–6. Berlin–Weimar: Aufbau-Verl. 1953–1955
Wanderungen durch Rußland. Erzählungen. Übersetzt von GEORG SCHWARZ. Berlin: Aufbau-Verl. 1955
Meister-Erzählungen. Übersetzt von BODO LASSBERG. München: Droemer 1956
Erzählungen. Übersetzt von ARTHUR LUTHER. Wiesbaden: Insel-Verl. 1957 – Ausg. Leipzig: Insel-Verl. 1958
Meine Kindheit. Übersetzt von AUGUST SCHOLZ. Berlin: Ullstein 1917 – Frankfurt a. M.–Hamburg: Fischer-Bücherei 1962 (Fischer-Bücherei 494)

176

Unter fremden Menschen. Übersetzt von AUGUST SCHOLZ. Berlin: Ullstein 1918 – Frankfurt a. M. – Hamburg: Fischer-Bücherei 1963 (Fischer-Bücherei 539)

Erinnerungen an Lew Tolstoi. München: Der neue Merkur 1920 – Neuausg.: Übersetzt von FEGA FRISCH. Zürich–New York: Oprecht 1945

Erlebnisse und Begegnungen. Übersetzt von ERICH BOEHME. Berlin: Malik-Verl. 1924

Wanderer in den Morgen (Meine Universitäten). Deutsch von ERICH BOEHME. Berlin: Ullstein 1926 – Neuausg. u. d. T.: Meine Universitäten. Übersetzt von AUGUST SCHOLZ. Frankfurt a. M. – Hamburg: Fischer-Bücherei 1964 (Fischer-Bücherei 575)

Erinnerungen an Zeitgenossen. Übersetzt von ERICH BOEHME. Berlin: Malik-Verl. 1928 – Neuausg.: Frankfurt a. M.: Suhrkamp 1962 (Bibliothek Suhrkamp 89)

Foma Gordejew. Übersetzt von KLARA BRAUNER. 2. u. 3. Aufl. Stuttgart: Deutsche Verlags-Anstalt 1901 – Übersetzt von ERICH BOEHME. Berlin: Aufbau-Verl. 1950

Die Mutter. Übersetzt von ADOLF HESS. Berlin: Ladyschnikow 1907 – Hamburg: Rowohlt 1963 (rororo 210) – Leipzig: Reclam 1965 (Reclams Universalbibliothek 4) – Berlin–Weimar: Aufbau-Verl. 1974

Vassa Zaleznova. Übersetzt von ILSE BEREND-GROA. Berlin: Henschel & Sohn o. J. [um 1910]

Nachtasyl. Szenen aus der Tiefe in 4 Akten. Übersetzt von AUGUST SCHOLZ. Berlin: Ladyschnikow 1911; 1913 – Neuausg. Stuttgart: Reclam 1973 (Reclams Universalbibliothek 7671)

Der Spitzel. Übersetzt von FRED MEYER-BALTE. Berlin: Ladyschnikow 1911 – Übersetzt von ALFRED BALTE. Berlin–Weimar: Aufbau-Verl. 1956

Barbaren. Deutsch von ILSE FRAPAN-AKUNIAN. Berlin: Ladyschnikow [um 1913]

Eine Beichte. Ein Sommer. Zwei Romane. Übersetzt von AUGUST SCHOLZ. Berlin: Malik-Verl. 1924 – Berlin: Aufbau-Verl. 1952

Sohn der Nonne. Übersetzt von AUGUST SCHOLZ. Berlin: Bücherkreis 1925 – Neuausg. T. 1.2 übersetzt von AUGUST SCHOLZ. T. 3.4 übersetzt von ERICH BOEHME. Berlin: Aufbau-Verl. 1954

Matwej Koshemjakin. Deutsch von AUGUST SCHOLZ und ERICH BOEHME. Bd. 1.2. Berlin: Malik-Verl. 1927 – Berlin–Weimar: Aufbau-Verl. 1954

Das Werk der Artamonows. Übersetzt von KLARA BRAUNER. Berlin: Malik-Verl. 1927 – Berlin: Aufbau-Verl. 1963

Klim Samgins Leben. Aus dem russischen Manuskript übersetzt von RUDOLF SELKE. Berlin: Sieben Stäbe-Verl. 1929 – Ausgabe in 4 Bänden Berlin–Weimar: Aufbau-Verl. 1953–1957

Drei Menschen. Übersetzt von AUGUST SCHOLZ. Berlin: Aufbau-Verl. 1952

Die Kleinbürger. Szenen im Hause Besszjemenows. Skizze in 4 Aufzügen. Übersetzt von AUGUST SCHOLZ. Weimar–Halle: Mitteldeutscher Verl. 1953 – Leipzig: Reclam 1962 (Reclams Universalbibliothek 9139/9140)

Unveröffentlichtes Material und Abhandlungen zum «Klim Samgin». Hg. von A. M. JEGOLIN u. a. Aus dem Russischen von MARIA JENSCH. Weimar: Böhlau 1954

Feinde. Übersetzt von OSSIP DEMETRIUS POTTHOFF. Leipzig: Reclam 1961 (Reclams Universalbibliothek 7672)

# 3. Lebenszeugnisse

Maksim Gor'kij i Anton Čechov. Perepiska, stat'i, vyskazyvanija. Leningrad 1937 – Moskva 1951 [Briefwechsel Gorki–Tschechow]

NEMIROVIČ-DANČENKO, VASILIJ IVANOVIČ: Iz prošlogo. Moskva 1938 [Aus der Vergangenheit]

STANISLAVSKIJ, KONSTANTIN S.: Moja žizn' v iskusstve. 8. Aufl. Moskva 1948 [Mein Leben in der Kunst]

Für Frieden und Demokratie. Skizzen, Pamphlete, Artikel, Reden, Briefe. Übertragen von ARNOLD FRANK. Berlin 1954 [Eine deutsche Ausgabe aller Briefe fehlt]

POZNER, VLADIMIR: Erinnerungen an Gorki. Berlin 1959

Briefe. Eine Auswahl. Übersetzt von GUDRUN DÜWEL. Berlin 1960

IVANOV, VSEVOLOD VJAČESLAVOVIČ: Perepiska s A. M. Gor'kim. Iz dnevnikov i zapisnych knižek. Moskva 1969 [Briefwechsel mit Gorki. Aus Tagebüchern und Notizbüchern]

Lenin und Gorki. Eine Freundschaft in Dokumenten. Hg. von EVA KOSING. 3. Aufl. Berlin 1974

Briefwechsel Maksim Gor'kij/Stefan Zweig. Hg. von KURT BÖTTCHER. Frankfurt a. M. 1974

Maxim Gorki. Briefwechsel mit sowjetischen Schriftstellern. Hg. von ILSE IDZI-KOWSKI. Berlin 1984

Gorkij, Maksim: Briefwechsel mit Freunden. Hg. von EDEL MIRO-FLORIN. Berlin–Weimar 1986

Gorky and his contemporaries: memoirs and letters. Hg. von GALINA BELAYA. Moscow 1989


# 4. Gesamtdarstellungen und Würdigungen

*a) Russische Verfasser*

ŽUKOVSKIJ, K.: Dve duši Maksima Gor'kogo. Leningrad 1925 [Maxim Gorkis zwei Seelen]

GRIGOR'EV, R.: Maksim Gor'kij. Leningrad 1926

GRUZDEV, ILJA: Gor'kij. Biografija. Moskva–Leningrad 1927 – Dt. u. d. T.: Das Leben Maxim Gorkis. Berlin 1928 – u. d. T.: Leben und Abenteuer des jungen Maxim Gorki. Berlin–Leipzig 1946

GORBOV, DIMITRII ALEKSANDROVIČ: Maksim Gor'kij. Moskva 1928

DESNICKIJ, V.: Maksim Gor'kij. Očerki žizni i tvorčestva. Leningrad 1935 [Umrisse seines Lebens und Werkes]

PIKSANOV, NIKOLAI: Gor'kij – poet. Leningrad 1940

ROSKIN, ALEKSANDR I.: Maksim Gor'kij. Moskva 1944 – Dt.: Berlin 1947

GRUZDEV, ILJA: Gor'kij ego vremja. Leningrad 1948 [Gorki und seine Zeit]

DANILOV, SERGEJ SERGEEVIČ: M. Gor'kij. 1868–1936. Moskva 1950

MICHAJLOVSKIJ, BORIS VASIL'EVIČ: Tvorčestvo Maksima Gor'kogo. Moskva 1951 [Das Schaffen Maxim Gorkis]

SOKOLOVA, I. I. (Bearb.): Letopiś žizni i tvorčestva A. M. Gor'kogo. Vyp. 1–4. 1: 1868–1907. 2: 1908–1916. 3: 1917–1929. 4: 1930–1936. Moskva 1958–1960 [Chronik über das Leben und Schaffen A. M. Gorkis]

MICHAJLOVSKIJ, BORIS VASIL'EVIČ: Tvorčestvo M. Gor'kogo i mirovaja literatura. 1892–1916. Moskva 1965 [Das Schaffen Gorkis und die Weltliteratur]

*b) Nichtrussische Verfasser*

DILLON, EMILE JOSEPH: Maxim Gorky, his life and writings. London 1902
USTHAL, A.: Maxim Gorki. Berlin 1904
LEHBERT, H.: Maxim Gorki. Ein Bild seines Lebens und Schaffens. Stuttgart 1905
OSTWALD, HANS: Maxim Gorki. Berlin 1905 (BRANDES, GEORG [Hg.]: Die Literatur Bd. 4)
VOGUÉ, EUGÈNE MELCHIOR DE: Maxime Gorki. L'œuvre et l'homme. Paris 1905
MEINCKE, RUDOLF: Maxim Gorkis Persönlichkeit und seine Schriften. Hamburg 1908
LO GATTO, ETTORE: Massimo Gorkij. Roma 1924
HORÁK, J.: Maxim Gorki. In: Slawische Rundschau 8 (1936), S. 285–298
HOLTZMANN, FILIA: The young Maxim Gorki. 1868–1902. New York 1948
ALEXINSKY, GRÉGOIRE: La vie amère de Maxime Gorki. Paris 1950
HARE, RICHARD: Maxim Gorky, romantic realist and conservative revolutionary. London–New York 1962
BORRAS, FRANK MARSHALL: Maxim Gorky, the writer. An interpretation. Oxford 1967
HABERMANN, GERHARD E.: Maxim Gorki. Berlin 1968
MIERAU, FRITZ: Maxim Gorki. Mit 71 Abbildungen. Leipzig 1968
LUDWIG, NADESHDA: Maxim Gorki. Sein Leben und Werk. 2. Aufl. Berlin 1971
RISCHBIETER, HENNING: Maxim Gorki. Velber 1973 [Bibliographie: S. 140–145]
SCHERR, BARRY P.: Maxim Gorky. Boston 1988
TROYAT, HENRI: Gorki. Sturmvogel der Revolution. Eine Biographie. München–Zürich 1990

# 5. Untersuchungen

*a) Zu allgemeinen Fragen*

KAUN, ALEXANDER: Maxim Gorky and his Russia. New York 1931
LUNAČARSKIJ, ANATOLIJ VASIL'EVIČ: Stat'i o Gor'kom. Moskva 1938 [Aufsätze über Gorki]
MAKSIMOV, PAVEL: O Gor'kom. Rostov 1939 [Über Gorki]
VOLKOV, ANATOLIJ ANDRE'VIČ: Gor'kij i literaturnoe dviženie konca 19. i načala 20. veka. Moskva 1951 [M. Gorki und die Literaturbewegung Ende des 19. und Anfang des 20. Jahrhunderts]
NAUMOV, EVGENIJ IVANOVIČ: M. Gor'kij v bor'be za idejnost' i masterstvo sovetskich pisatelej. Moskva 1958 [M. Gorki im Kampf für die Fortschrittlichkeit und Meisterschaft der sowjetischen Schriftsteller]
RÜHLE, JÜRGEN: Literatur und Revolution. Die Schriftsteller und die Kommunisten. Köln–Berlin 1960
TAGER, EVGENIJ BORISOVIČ: Tvorčestvo Gor'kogo sovetskoj ėpochi. Moskva 1964 [Das Schaffen Gorkis in der Sowjetära]
OVČARENKO, ALEKSANDR IVANOVIČ: M. Gor'kij i literaturnye iskanija XX stole-

tija. Moskva 1971 [M. Gorki und die literarischen Forschungen des 20. Jahrhunderts]

VOLKOV, ANATOLIJ ANDRE'VIČ: A. M. Gor'kij i literaturnoe dviženie sovjetskoj èpochi. Izd. 2, dop. Moskva 1971 [A. M. Gorki und die literarischen Bestrebungen der Sowjetzeit]

FEDIN, KONSTANTIN A.: Gorki unter uns: Bilder aus dem literarischen Leben. Berlin 1982

SESTERHENN, RAIMUND: Das Bogostroitel'stvo bei Gorkij und Lunačarskij bis 1909: zur ideologischen und literarischen Vorgeschichte der Parteischule von Capri. München 1982 (Slavische Beiträge. 158)

KATZER, NIKOLAUS: Maksim Gorkijs Weg in die russische Sozialdemokratie. Wiesbaden 1990 (Veröffentlichungen des Osteuropa-Institutes München. Reihe: Geschichte. 58)

*b) Zur Biographie*

MURATOVOJ, KSENII DMITRIEVNY (Hg.): M. Gor'kij i ego sovremenniki. Leningrad 1968 [M. Gorki und seine Zeitgenossen]

PÉRUS, JEAN: Romain Rolland et Maxime Gorki. Paris 1968

WOLFE, BERTRAM DAVID: Brücke und Abgrund. Maxim Gorki und Lenin. Wien–Frankfurt a. M.–Zürich 1970

BJALIK, BORIS A.: Revolution und Kunst. Betrachtungen über die Beziehungen zwischen Lenin und Gorki. Berlin 1974

BAUMANN, WINFRIED: Erinnerung und Erinnertes in Gorkijs Kindheit. Frankfurt a. M.–Bern 1982 (Europäische Hochschulschriften. Reihe 16. Bd. 21)

*c) Zum Werk*

MICHAJLOVSKIJ, BORIS VASIL'EVIČ: Dramaturgija M. Gor'kogo. Èpochi pervoj russkoj revoljucii. Moskva 1951 [Dramaturgie Gorkis. Die Epoche der 1. russischen Revolution]

BJALIK, BORIS A.: Dramaturgija M. Gor'kogo sovjetskoj èpochi. Moskva 1952 [Die Dramaturgie Gorkis in der sowjetischen Epoche]

KOSSUTH, LEONHARD: Das sowjetische Leben im Schaffen Maxim Gorkis. Vortrag. Berlin 1954

NOVIKOV, VASILIJ VASIL'EVIČ: Tvorčeskaja Laboratorija Gor'kogo-dramaturga. Moskva 1965 [Gorki als Dramatiker]

NOVIČ, IOANN SAVEL'EVIČ: Chudožestvennoe Zaveščanie Gor'kogo. «Žizn' Klima Samgina». Moskva 1965 [Gorkis künstlerisches Vermächtnis. «Klim Samgins Leben»]

STAUCHE, ILSE (Bearb.): Maxim Gorki. Drama und Theater. Berlin 1968

PIETZSCH, ULRICH, und DIRK ALVERMANN (Bearb.): Wolfgang Heinz inszeniert Gorki, Feinde. Eine Dokumentation. Beschreibungen, Notate, Thesen, Verzeichnisse. Berlin 1969

SCHROEDER, RALF: Gorkis Erneuerung der Fausttradition. Faustmodelle im russischen geschichtsphilosophischen Roman. Berlin 1971

VAJNBERG, IOSEF IRMOVIČ: «Žizn' Klima Samgina» M. Gor'kogo. Istoriko-literaturnyj kommentarij. Moskva 1971 [Kommentar zu «Klim Samgins Leben» Maxim Gorkis]

180

IMENDÖRFER, HELENE: Die perspektivische Struktur von Gor'kijs Roman «Žizn' Klima Samgina». Berlin–Wiesbaden 1973 (Veröffentlichungen der Abteilung für slavische Sprachen und Literaturen des Osteuropa-Instituts an der Freien Universität Berlin 41)

HAAS, BEATRICE: Vom Original zur Bearbeitung. Dramaturgische Aspekte der Dramenübersetzung. Dargestellt am Beispiel des Schauspiels «Sommergäste» von Maxim Gor'kij. [Mag.-Schr.] Hamburg 1978 und 1982

PAILER, WOLFGANG: Die frühen Dramen M. Gor'kijs in ihrem Verhältnis zum dramatischen Schaffen A. P. Čechovs. München 1978

## d) Zur Wirkung

WEIL, IRWIN: Gorky, his literary development and influence on Soviet intellectual life. New York 1966

SCHROEDER, RALF (Hg.): Mit der Menschheit auf du und du. Schriftsteller der Welt über Gorki. Berlin 1968

ŠČERBINA, V. R. (Bearb.): Gor'kij i sovremennost'. Moskva 1970 [Gorki und die Gegenwart]

ROUGLE, CHARLES: Three Russians consider America. America in the works of Maksim Gor'kij, Aleksandr Blok, and Vladimir Majakovskij. Stockholm 1976

# Namenregister

*Die kursiv gesetzten Zahlen bezeichnen die Abbildungen*

# Quellennachweis der Abbildungen

**rowohlts monographien**
Begründet von Kurt Kusenberg, herausgegeben von Wolfgang Müller und Uwe Naumann.

**Alfred Andersch**
dargestellt von
Bernhard Jendricke
(50395)

**Lou Andreas-Salomé**
dargestellt von Linde Salber
(50463)

**Bettine von Arnim**
dargestellt von
Prof. Helmut Hirsch
(50369)

**Jane Austen**
dargestellt von
Wolfgang Martynkewicz
(50528)

**Ingeborg Bachmann**
dargestellt von Hans Höller
(50545)

**Simone de Beauvoir**
dargestellt von
Christiane Zehl Romero
(50260)

**Wolfgang Borchert**
dargestellt von
Peter Rühmkorf
(50058)

**Albert Camus**
dargestellt von
Brigitte Sändig
(50544)

**Paul Celan**
dargestellt von Prof. Dr.
Wolfgang Emmerich
(50397)

Ernest Hemingway
Hans-Peter Rodenberg

**Raymond Chandler**
dargestellt von
Thomas Degering
(50377)

**Theodor Fontane**
dargestellt von
Helmuth Nürnberger
(50145)

**Ernest Hemingway**
dargestellt von
Hans-Peter Rodenberg
(50626)

**Henrik Ibsen**
dargestellt von
Gerd E. Rieger
(50295)

**James Joyce**
dargestellt von Jean Paris
(50040)

Ein Gesamtverzeichnis der Reihe *rowohlts monographien* finden Sie in der *Rowohlt Revue*. Vierteljährlich neu. Kostenlos in Ihrer Buchhandlung. Rowohlt im Internet: www.rowohlt.de

**rowohlts monographien**
Begründet von Kurt Kusenberg, herausgegeben von Wolfgang Müller und Uwe Naumann.

**Thomas Bernhard**
dargestellt von Hans Höller
(50504)

**Hermann Broch**
dargestellt von Manfred Durzak
(50537)

**Agatha Christie**
dargestellt von Monika Gripenberg
(50493)

**Carlo Goldoni**
dargestellt von Hartmut Scheible
(50462)

**Franz Kafka**
dargestellt von Klaus Wagenbach
(50091)

**Gotthold Ephraim Lessing**
dargestellt von Wolfgang Drews
(50075)

**Jack London**
dargestellt von Thomas Ayck
(50244)

**Die Familie Mann**
dargestellt von Hans Wißkirchen
(50630)

**Nelly Sachs**
dargestellt von Gabriele Fritsch- Vivié
(50496)

**William Shakespeare**
dargestellt von Alan Posener
(50551)

Die Familie **Mann**
Hans Wißkirchen

**Theodor Storm**
dargestellt von Hartmut Vinçon
(50186)

**Italo Svevo**
dargestellt von François Bondy und Ragni Maria Gschwend
(50459)

**Jules Verne**
dargestellt von Volker Dehs
(50358)

**Oscar Wilde**
dargestellt von Peter Funke
(50148)

**Stefan Zweig**
dargestellt von Hartmut Müller
(50413)

Ein Gesamtverzeichnis der Reihe *rowohlts monographien* finden Sie in der *Rowohlt Revue*. Vierteljährlich neu. Kostenlos in Ihrer Buchhandlung.
Rowohlt im Internet:
www.rowohlt.de

*rowohlts monographien*

**rowohlts monographien**
Begründet von Kurt Kusenberg, herausgegeben von Wolfgang Müller und Uwe Naumann.

Kasimir Malewitsch

**Max Beckmann**
dargestellt von
Stephan Reimertz
(50558)

**Hieronymus Bosch**
dargestellt von
Heinrich Goertz
(50237)

**Paul Cézanne**
dargestellt von
Kurt Leonhard
(50114)

**Lucas Cranach d.Ä.**
dargestellt von
Berthold Hinz
(50457)

**Vincent van Gogh**
dargestellt von
Herbert Frank
(50239)

**Francisco de Goya**
dargestellt von Jutta Held
(50284)

**Wassily Kandinsky**
dargestellt von
Peter A. Riedl
(50313)

**Le Corbusier**
dargestellt von Norbert Huse
(50248)

**Leonardo da Vinci**
dargestellt von
Kenneth Clark
(50153)

**Kasimir Malewitsch**
dargestellt von
Hans-Peter Riese
(50465)

**Michelangelo**
dargestellt von
Heinrich Koch
(50124)

**Rembrandt**
dargestellt von
Christian Tümpel
(50251)

**Henri de Toulouse-Lautrec**
dargestellt von
Matthias Arnold
(50306)

**Andy Warhol**
dargestellt von Stefana Sabin
(50485)

*rowohlts monographien*

Ein Gesamtverzeichnis der Reihe *rowohlts monographien* finden Sie in der *Rowohlt Revue*. Vierteljährlich neu. Kostenlos in Ihrer Buchhandlung.
Rowohlt im Internet:
www.rowohlt.de

**rowohlts monographien**
Begründet von Kurt Kusenberg, herausgegeben von Wolfgang Müller und Uwe Naumann.

Eine Auswahl:

**Konrad Adenauer**
dargestellt von
Gösta von Uexküll
(50234)

**Kemal Atatürk**
dargestellt von Bernd Rill
(50346)

**Augustus**
dargestellt von
Marion Giebel
(50327)

**Willy Brandt**
dargestellt von Carola Stern
(50232)

**Fidel Castro**
dargestellt von
Volker Skierka
(50623)

**Heinrich VIII.**
dargestellt von
Uwe Baumann
(50446)

**Adolf Hitler**
dargestellt von
Harald Steffahn
(50316)

**Thomas Jefferson**
dargestellt von
Peter Nicolaisen
(50405)

**Karl der Große**
dargestellt von
Wolfgang Braunfels
(50187)

**Nelson Mandela**
dargestellt von
Albrecht Hagemann
(50580)

**Mao Tse-tung**
dargestellt von
Tilemann Grimm
(50141)

**Franklin Delano Roosevelt**
dargestellt von Alan Posener
(50589)

**Helmut Schmidt**
dargestellt von Harald
Steffahn
(50444)

**Claus Schenk Graf von Stauffenberg**
dargestellt von
Harald Steffahn
(50520)

*rowohlts monographien*

Ein Gesamtverzeichnis der Reihe *rowohlts monographien* finden Sie in der *Rowohlt Revue*. Vierteljährlich neu. Kostenlos in Ihrer Buchhandlung.
Rowohlt im Internet:
www.rowohlt.de